岩波新書精选05

日本的诞生

[日]吉田孝 著
周萍萍 译

新星出版社 NEW STAR PRESS

新经典文化股份有限公司
www.readinglife.com
出　品

致中国读者

隋唐时代以来，日本在约两千多年的时间里一直努力学习中国的学术、艺术、技术和文化。日本今日之发展，即仰仗中国伟大先哲长期以来的言传身教——这样说并不为过。中国，有学恩于日本。如今，借由新经典文化的翻译和出版，岩波新书来到中国读者面前，我想，这也算是对中国学恩的一点点谢意吧。

岩波新书与中国结缘已久。岩波新书创刊于1938年。前一年，日本加剧对中国的侵略，岩波书店创始人岩波茂雄对独断专行、破坏中日友好的军部感到强烈不满，遂决心创刊岩波新书。要想抵抗日益猖獗的军国主义思潮，首先必须要做的，就是实事求是地了解中国。岩波茂雄秉持着这种信念，最终选择了《奉天三十年》作为创刊的首部作品。

《奉天三十年》是19世纪末至20世纪初，在当时的沈阳努力推行医疗普及的爱尔兰教会医师克里斯蒂的回忆录。这本著作除了向读者展示了当时满洲发生的事情和民众的生活外，还是一本即便以今天的标准来看也颇有学术价值的著作。作为东亚的朋友，对中国人民怀有深切感情的岩波茂雄深受克里斯蒂的触动，将其回忆录翻译出版，以此开始了岩波新书的历史。

承先行者之志，岩波新书此后又出版了许多以中国历史、社会、文化、艺术为题的书籍。自创刊以来及至今日，由岩波新书发行的、以中国为主题的书籍已达140余册。我们对于中国的关注和热情从未衰减，对于岩波新书而言，“中国”已成为身边不可忽视的存在。

那么何谓“新书”呢？或许有必要向中国读者再次进行说明，因为新书是诞生于日本的独特出版物。

新书最大的特点是它“小而紧凑”。在字数上，新书大约在十万日文字左右。标题简练，通俗易懂。若是部头过大，则十分难读；若部头过小，则不能尽兴。而取其中庸的新书正符合日本人喜爱轻快节奏的心性。日本人就是喜欢新书这类书籍的人。

据说，目前日本已经出版了一百多种可称为“新书”的书籍。除岩波新书外，中公新书、讲谈社现代新书、筑摩新书、集英社新书、光文社新书等，以出版社冠名的新书种类数不胜数。各大出版社相互竞争，每月合计发售数十本新书。诸位读者日后来日本旅游时，也可顺路看看日本的书店。日本的书店会有一个“新书区域”，在这个区域，你会看到如同百花齐放般热闹的景象。

在百花齐放的新书领域，岩波新书是第一个在日本发行新书的老字号。创刊八十年以来，我们时时刻刻在满足着日本读者的求知欲和好奇心。岩波新书的一大特色就是其内容的可信度高。

我们在各个领域拥有最权威的学者、编辑和作家，产出了许多可称为名著的作品。在岩波新书出版著作是一件很有荣誉的事，这已经是日本各界达成的共识。

岩波新书擅长的领域是学术和纪实。畅游在学术世界里的学者为将思考和研究成果凝聚成一本小小册子而倾注心血，执笔著述。行走在“真实”世界中的新闻工作者则冷眼审视时代变迁和社会动向，以锋利的笔触向世人传递信息。无论在哪一领域，以满腔热血活跃在第一线，这就是岩波新书。

日本有一个词叫“修养新书”，这也可以说是岩波新书的代名词。读者可以在书中养性修身，进而构筑一个美好社会和世界，这便是岩波新书的目标。不止步于获取知识，而是将获取的知识与自我的生活、生命相连接，所谓“修养”就在于此。将更多的“修养新书”带到这个世界，这就是我们岩波新书的使命和理想。

此次经新经典文化发行的岩波新书，是我们从出版的 3200 本书中严格挑选出来的。无论哪一本，都是了解日本历史、文化、社会的绝佳书籍，对此我们深信不疑。

最后，我想向中国读者，以及从中牵线搭桥的新经典文化主编杨晓燕女士和各位翻译、校阅的老师致以深深的谢意。已经捧得本书的读者，希望这本书能够成为你美好的人生伴侣。

岩波新书主编　永沼浩一

2018 年 8 月

目 录

第二章　倭女王与贸易　029

第三章　大王（天皇）也有姓　047

第四章 迈向东海帝国之路 067

第五章 政变和“革命” 091

序　章　可怜的忆良

山上忆良和“日本”

“可怜的山上忆良”——我不由得在心中感叹。在富士山脚下召开的研究会上，我向研究万叶集的知名学者请教了有关山上忆良的作品：

去来子等　早日本边　大伴乃　御津乃滨松　待恋奴良武

我问道：这首歌中的“日本”为什么训读成“ヤマト（yamato）”[1]？这位学者一如平常，面带微笑，给我列举了《万叶集》中含有“日本”一词的其他和歌，耐心讲解了它的读法的来由。

在和歌里，将“日本”一词读成“ヤマト（yamato）”，我能够理解。但是，对于历史专业出身的我来说，难免想去追究这首和歌出现的“时间”和“地点”。这首歌是遣唐使们在归国前的宴席上咏唱的，他们成功地让中国的大唐王朝首次认同了“日本”这一国号（“大伴的御津”是当时大和朝廷的难波港，“滨松”的“松”是“待”的谐音，意为“等待”）。但是现在却又将“日本”一词读成“ヤマト（yamato）”。为了让中国王朝承认“日本”这个国号，遣唐使们付出的辛劳又到哪儿去了呢？还有，特意将“ヤマト（yamato）”书写为“日本”的山上忆良，又将作何感想呢？这是件多么可怜的事啊。更何况——

> 去来子等　早大和边　大伴乃　御津乃滨松　待恋奴良武
>
> いざ子ども　早く大和へ　大伴の御津の浜松　待ち恋ひぬらむ
>
> ——《日本古典文学大系·万叶集》

有的解读文却把和歌中的“日本”直接写成了“大和”，这种写法流传后世。山上忆良如果泉下有知的话，该会多么悲伤啊？

为了更清楚地了解其中的缘由，下面就让我们一起来探究这首和歌的创作背景。

大宝年间的遣唐使

701 年是日本史上具有划时代意义的一年。正月一日，当时的文武天皇在藤原宫大极殿接受众臣的朝拜。大极殿的中心摆设了一只象征太阳的大鸟，这只鸟有三只脚，大鸟的东侧插着写有“日像”“青龙”“朱雀”的大旗，西侧插着写有“月像”“玄武”“白虎”的大旗，百名官员和新罗使节列队进入大殿向天皇行朝礼。《续日本纪》记载了这一盛况——“宝物琳琅满目”。

为了庆祝对马发现金矿，这年三月，日本正式开始使用“大宝”年号。虽然此前也曾断断续续使用过年号，但年号是在前年的大宝令中才得以制度化的，之后从大宝一直延续至今天的“平成”。

在大宝年号确立的同时，大宝令中的官制和等级制度也开始实施。同年八月，大宝律完成。次年，大宝律令全面实施。大宝律令的实施在日本史上具有重要意义，可谓“律令之兴，始于大宝”。

日本开始编纂自己的《律令》法典，建立年号，意图从中国独立出来，建立自己的小帝国（皇帝可以支配周边国家的称为帝国）。同年正月二十三日，遣唐执节使（首席使臣）粟田真人首次向中国使用“日本”这一国号，山上忆良当时也是使节团的少录（低阶使臣）。

从“倭国”走向“日本”

702年秋，粟田真人率领的使节团抵达中国长江靠近北面的一个入海口岸——楚州盐城县。当时唐朝的通关检查十分严格，县里官员接到通报后迅速进行了审查。中国官员问道：“你们是从哪里来的？”使节团答道：“我们是日本国的使节。”这是首次对中国称呼自己为“日本国”。所以，对中国的官员来说，“日本”这个国号也是初次耳闻。在审查中，中国官员渐渐明白日本国就是倭国，是位于东边海上的一个岛国。但是对于日本国使节的解释却不是很明白，所以只有一级一级往上报，从县到州，一直问到都城长安，虽然唐朝的人们都认同日本国就是倭国，但最终也没能确认。

中国史书《旧唐书》中记录了三种“日本”国号的由来：

> “日本国者，倭国之别种也。以其国在日边，故以日本为名。”
>
> “或曰：倭国自恶其名不雅，改为日本。”
>
> “或云：日本旧小国，并倭国之地。”

而且，史书上还补充道：“其人入朝者，多自矜大，不以实对，故中国疑焉。”在中国的正史（由后一王朝官方编写的前朝历史）中，记录周边民族和国家的事情都归入《列传》，附在正史之后。而像这样记录一个国号的多种说法是个特例。为什么日本的使节没能解释清楚自己和“倭国”的关系呢?

中国方面觉得朝贡国不可能擅自更改国名，所以有一种先入为主的观念，认为倭国和日本国不是同一个国家。“日本国是倭国的一个小国”“日本吞并了以前倭国的领地”，这些说法就是因为这种观念产生的。

另外，遣唐使给出的解释是，日本国在壬申之乱后，灭了倭国的继任者近江朝廷，统一了天下。这种说法类同于中国的“易姓革命”，在古代中国，不管是“汉”也好，“魏”也好，国名的变更一般都伴随着王朝的更替。

那么，为什么使用了几百年的“倭”也改名为“日本”呢?日本的史书上没有记载其中的理由。

难道真如前面《旧唐书》提到的，因为“倭”这个名字不雅吗?其实不然，是中国方面的误解。“倭”字含有“迂回遥远”“伴随”和“丑陋”等意思，所以也有可能是精通汉语的某位遣唐使纠结之余给出了这样的回答。但是，因为“不雅”而更名的理由很难让人信服。我们知道，首次派出遣唐使的文武天皇驾崩后，他的谥号“倭根子丰祖父天皇”中就使用了“倭”字。还有，从文武朝至奈良时代前半期，一直都将“ヤマト（yamato）国”写成“大倭国”。

更名为“日本”，与其说是为避开“倭”字，不如说是想将“日”字添入新的国号中。这个问题我将会在第六章详细探讨。在这里，我想先对“日”字包含的意识形态做个说明。

武则天和粟田真人

大宝年间的遣唐使成功让中国的大唐王朝接受了“日本”这个新国号。但是，如果当时的倭国国王被中国的皇帝册封为“倭王”或“倭国王”，那么中国就不会同意“倭国”擅自更改国号了。事实也是如此。唐朝的史书《史记正义》中记载：“武后改倭国为日本国。”中国的朝廷认为，没有被册封就可以按照倭国使节的意愿改名为日本国。

高宗的皇后武则天是中国历史上唯一的一位女皇，此时正君临天下。武则天在长安的大明宫麟德殿设宴款待粟田真人等遣唐使。《旧唐书·日本传》中特别记录了对粟田真人的赞赏：“真人好读经史，解属文，容止温雅。”

在中国人的传统观念中，倭国是一个不如朝鲜等国的落后国家。南朝梁代（6 世纪前半期）的《职贡图》中描绘了周边各国朝贡使者的容姿。可以看到，倭国的使者没有像百济使者那样戴冠帽、着正装，而是赤脚手捧画卷的模样。

还有，7 世纪倭国向中国隋朝派出遣隋使时，隋文帝曾训示，使者“倭王以天为兄，以日为弟”的说法“无义理”，之后隋炀帝也因倭国国书以“日出处天子致书日没处天子”开头而发怒，认为倭国国书是“蛮夷书无礼者”。对中国而言，倭国是未开发之地，缺乏外交礼仪。一个世纪后，粟田真人的优雅容姿却让大唐王朝的人们惊叹，这又是什么原因呢？

其中一个理由恐怕是他的留学经验。粟田真人年轻时曾加入僧籍，法号道观。653年（白雉四年）赴唐留学，归国后，还俗参与大宝律令的编纂。真人的学识和容姿得到中国朝廷的赞赏，应该归功于他作为留学僧的背景。当然他也会说中国话。中国的朝廷虽然怀疑日本使者“不以实对”，但最终承认了“日本”这一国号，这还是离不开真人等人的努力。

“去来子等　早大和边”

圆满完成使命的遣唐使一行在归国前夕的宴会上首先展示了山上忆良的短歌。当然，作为大和的歌，将“早大和边”中的“大和”读成“ヤマト（yamato）”无可厚非。但是仅凭这点，再加上前面史书中的一些记载，实在是难以让我信服。

中国皇帝在册封周边国家的首领时一般都会冠上国名，如“××王”。册封体制构建了东亚世界。所以即使唐朝尚未册封“倭王”（或者“倭国王”），从朝贡国的角度来看，“倭”的国号变更也是一个重大事件。对于中国而言，“倭”和“日本”两个词在文字和发音上完全不同，但是中国最后还是承认了“日本”这一国号。然而，若又将“日本”念成和“倭”一样的读音“ヤマト（yamato）”，这个通过艰难外交交涉而获得承认的国号“日本”又算是怎么一回事呢？这样的话，也无法表达山上忆良将“ヤマト（yamato）”写成“日本”的深层用意。而后世将“日本”直接改写成“大和”就更加过分了。

让我设想一下当时的情景——山上忆良在宴席上高声吟唱“いざ子ども早くやまとへ……”，之后又在纸上写下其汉语译文“去来子等 早日本边”，同时吟唱“いざ子ども早くニッポン（日本）へ”，用当时长安的汉文读音突出了“日本”（介于nippon和jippon之间的发音），赢得了满堂喝彩。

山上忆良非常关心“日本”这一国号，这可以从《万叶集》中带有“日本”字样的和歌中推测出。《万叶集》中含有“日本”字样（日本国、大日本、日本道、日本鸠根）的和歌有17首，题目和书信中还有3例，“日本挽歌”1例，“日本琴”2例（不包括目录和注释中的“日本书纪”，以及天皇名）。这些和歌的作者中，两次以上使用“日本”一词的有山上忆良（2首）、笠金村（3首）、大伴旅人[2]（3首）。

另外，在这17首和歌中，除去一首枕词[3]（“日本的山迹国”，其中日本读成ヒノモト（hinomoto）[4]，《万叶集》卷3-319）之外，其余16首都将“日本”读成“ヤマト（yamato）”。而且，除了山上忆良的“早日本边”，其他和歌中的“日本”皆表示狭义上的大和［畿内的大和地区。但是，关于“大日本久迩乃京”（《万叶集》卷3-475）还存在争议］。例如，笠金村的这首和歌描写了作者在手结之浦（敦贺湾的东岸）思念都城大和的心情。

越海手结浦　旅途观海景色奇　不禁思大和

——《万叶集》卷 3-367[5]

笠金村是奈良时代前期的宫廷歌人，经常跟随天皇出游，所以他将“日本”读成“ヤマト（yamato）”是可以理解的，他的和歌中的“日本”指的都是狭义上的大和国。而山上忆良和大伴旅人作品中的“日本”主要是面向中国和朝鲜而言的，是广义上的日本。虽然山上忆良的“早日本边”也是以狭义上的大和为目的地，但是，“大伴的御津”是在摄津之地，而且这首和歌是在中国创作的，所以将这首和歌里的“日本”看作广义上的大和国（相对于中国而言的日本）显得更自然些。

山上忆良在大宰府时，为悼念大伴旅人死去的妻子，特意作了一首长歌，题为《日本挽歌一首》（《万叶集》卷 5-794）。这首歌之所以被称为日本挽歌是相对于中国挽歌而言的，故这里的“日本”也是广义上的大和国。大伴旅人在写给藤原房前的汉文书信中，赠与对方一首歌“梧桐日本琴”，这里出现的“日本”也是广义上的，实际上指的是“倭琴”，但是写成“日本琴”。

旅人在歌中都用汉字“日本”来表示“ヤマト（yamato）”。在他结束大宰帅（大宰府的长官）任期准备回到大和时，一位名叫儿岛的、与之关系密切的妓女向他赠歌一首：

倭道隐云中　莫怪我无礼　仍将衣袖挥

——《万叶集》卷 6-966

旅人回赠歌一首：

日本道经吉备　行过儿岛时　筑紫儿岛浮眼前

——《万叶集》卷 6-967

“倭道”和“日本道”指的是从九州至畿内的大和国之道，但是，旅人有意在自己的歌里将其写成“日本道”。可以看出，山上忆良和大伴旅人对“日本”两字具有强烈的自觉。

“日本”“倭”和“ヤマト（yamato）”

然而，为什么会用“日本”两字来表示“ヤマト（yamato）”呢？原因并不在于“日本”这两个汉字本身的音读和训读[6]（意义）。《日本书纪》特意对第一次出现在书中（卷一）的“日本”（国家诞生神话中的“大日本丰秋津州”）标注了“日本，读作耶麻腾（yamato），以下皆同”，说明那时大家直接读出“日本”的读音还有困难。

更有趣的是,《古事记》中没有出现“日本”两字，一般都是用“倭”字来表示“ヤマト（yamato）”,一字一音的歌谣除外。也许是因为《古事记》继承了先前的《帝纪》和《旧辞》的缘故。在《古事记》中,用“倭”表示“ヤマト（yamato）”的例子很多，如“神倭伊波礼毗古（神武）”。而且,《日本书纪》也只将《古事记》中大王（天皇）和特殊人物（倭建命）的名字中的“倭”字改写成“日本”。也就是说，一般都使用“倭”字来表示“ヤマト（yamato）”,《日本书纪》也是在这个前提之下，将“倭”字改写成“日本”的。

山上忆良用“日本”来表示“ヤマト（yamato）”，也是在人们一般都使用“倭”字表示“ヤマト（yamato）”的前提下出现的。

那么，为什么会用“倭”字来表示“ヤマト（yamato）”呢？“倭”这个汉字本身与“ヤマト（yamato）”没有直接的关系。也许是因为倭国王权所在地是大和（ヤマト），所以其势力范围也被称为“ヤマト（yamato）”。这样,“倭”就与“ヤマト（yamato）”对应起来。古代国家非常重视王权所在地和都城，而它的势力范围是会变化的。近代国家的领土观念与古代国家不同。因此,在古代,以王权所在地和出身地命名的国家有很多。

关于“ヤマト（yamato）”,镰仓时代编写的《释日本纪》(《日本书纪》的注释本）中有如下记述：

磐余彦天皇（神武天皇）平定天下，至大和国开创帝业。遂以此地名为国号。

在《古事记》和《日本书纪》的神话中，天照大神的孙子迩迩艺命下凡，降落至筑紫日向，他的曾孙伊波礼毗古命为了统一天下一直向东行，在大和这个地方即位成为第一代天皇（神武天皇）。当然这都是神话，不是历史事实。但是，《释日本纪》的这段记述表明了国名的由来（《释日本纪》还记述中国西周王朝也是如此确定国名的）。而且，这种方式一直延续至中世和近世。“ヤマト（yamato）”这个国名源于天皇建立新王朝的所在地。

同样读作“ヤマト（yamato）”的“日本”也与王权的所在地密切相关。在“日本”这一国号出现半个世纪后，767年（神护景云元年）天皇在诏书（使用大和语记录天皇命令的诏书）中写道：“坐镇日本国普照大八州的倭根子天皇——即天皇在日本国统治大八州”，很显然这里的“日本国”指的是狭义上的“ヤマト（yamato）”（大和）[而且，律令制度规定，天皇统治的领域称为“大八州（公式令第一条）。根据《古事记》和《日本书纪》中的神话记载，“大八州”指的是女神伊邪那美命生下的本州、四国、九州、淡路、壹岐、对马、隐岐、佐渡八大岛屿，这些都是大和朝廷统治的领域（不含北海道、冲绳）]。如前所述，《万叶集》中的“日本”基本上指代的都是狭义上的“ヤマト（yamato）”。

“ヤマト（yamato）”这个地名的由来可以追溯至邪马台国，当时倭国王的宫殿就位于三轮山山脚下，名为“ヤマト(yamato)”（后来的畿内大和）的地方。此后，倭国的势力范围（记纪[7]中的大八州）不断向外扩张。虽然将“倭”改称为“日本”了，但是实质上它们指代的都是ヤマト（yamato，大和），这点不曾改变。

序章是从对大宝年间的遣唐使山上忆良而言“‘日本’是什么”这个问题出发的。山上忆良非常关注“日本”这一国号，但是到了晚年也渐渐失去了兴致。733年（天平五年），遣唐使丹比广成拜访山上忆良时，忆良作歌《平安出航》为他饯行（“好去好来之歌”，《万叶集》卷5-894），在这首歌中他就用“倭”而不是“日本”来表示“ヤマト（yamato）”。也许，这首歌中的“ヤマト（yamato）”指的仅是狭义上的、由古代神灵守护的“大和”，忆良的关注点从对外走向对内，由对日本国家的关注变成对家乡大和的关注了。之后不久，卧病在床的忆良面对前来探望的友人，哽咽作歌道：

> 丈夫之子，其可徒已？不立于名，不传于史，不万于祀[8]。
>
> ——《万叶集》卷6-978

且说，“倭”和“日本”在本质上都是指“ヤマト(yamato)”，但是“倭”是与“ヤマト（yamato）”这个地名联系在一起的。也就是说，将“倭”字读成“ヤマト（yamato）”已是定论，但

是从什么时候开始读作这个音的，已经很难确定了。因此，本人想从这个问题入手，进行深层次的挖掘，首先追溯到“倭国”的出现，从追踪倭国王权如何展开开始进一步的探讨。

【补记】《万叶集》卷1–63中山上忆良的歌，在《岩波讲座日本通史》第4卷·古代3（1994年）第26页中解释得比本书详细，敬请读者参考。

第一章　东亚世界和“倭”的出现

日本列岛和农耕社会的成立

在距今一万几千年前，地球环境发生巨大变化，气候开始变暖，动植物种类增多，人们的生活有了新的变化。他们开始使用弓箭捕捉野兽和鸟禽，制作土器（陶器），将食物煮熟后食用。不久，地球上的一些区域开始出现农耕和畜牧业，并逐渐向其他区域扩展。

气候变暖使海面上升，大陆的一部分渐渐分离成为岛屿，日本列岛就是这样形成的。日本列岛上的早期社会也出现了土器，即绳文土器。

绳文时代，人们栽培植物和少数谷物。但是，农耕开始出现和农耕成为主要生产方式是有明显区别的。绳文时代的日本列岛应该就有接纳农耕技术的机会，但是因为物产丰富，人们身边就有很多自然资源，容易获得食物，所以没有进入真正的农耕社会，而是进入了以采集经济为主的高度发展的人类社会。

公元前 4 世纪左右，从朝鲜半岛迁移到北九州的渡来人带来了水稻耕作和金属器（青铜器、铁器）制造等先进技术，农耕文化迅速从西日本向东日本传播，日本列岛真正进入农耕社会（弥生时代）。

日本列岛地处中纬度地带，与相同纬度的其他地域相比，属于较晚进入农耕畜牧社会的。但是，随着高等水稻耕作技术的传来，日本列岛迅速实现政治统一，出现了早期的国家。所以可以推测，绳文时代已经具有较高的文化水准和发达的社会组织。

进入农耕社会后，各地的部落开始走向统一，出现了将几个“村”统合在一起的“国”的首领。

秦汉帝国的出现和东亚

公元前 221 年，秦始皇灭了其他国家，统一中国，结束了战国时代的动乱。秦朝实行中央集权的郡县制，并修筑长城作为对抗游牧骑马民族——匈奴的防卫线。长城以南为农耕地带，长城以北是草原地带，是游牧民的世界。但是，在北方，位于东北方向的朝鲜半岛是汉民族的居住区域，那里也出现了农耕地带。

秦始皇驾崩后，因不满秦朝残暴的中央集权政治，中国各地出现动乱，秦朝仅存在了 16 年就灭亡了。刘邦在秦末的动乱中崭露头角，于公元前 202 年建立了汉朝。

在秦汉王朝更替的动乱中，大批中国人向东方迁移。统治朝鲜西北部的朝鲜王准[9]接纳了大批中国移民，其中一位名叫卫满的人物登场了。

公元前 195 年左右，率领千名部下流亡至朝鲜的卫满，在秦汉王朝更替的动乱中，控制了大批流入朝鲜的中国移民，势力大增，最终灭了朝鲜王准，建立了卫氏朝鲜，定都王险城（今天的平壤）。

在卫氏朝鲜的统治阶层中，占据重要地位的是从中国来的移民，他们一般都冠“王”或“韩”姓。同时，各地首领也加入到统治阶层中，他们没有冠中国的姓氏。因此，卫氏朝鲜的统治阶层是由定居此地的中国人和原住民的首领构成的。

卫满是汉朝的外臣（居住在汉朝之外，臣服于汉朝皇帝的臣子），但是到了其孙子卫右渠的时期，公元前 108 年，卫氏朝鲜被汉武帝灭亡。汉武帝征讨游牧民族，其势力一度扩展至中亚，向南灭了南越王国，设置交趾部（今天越南北部），向北灭了卫氏朝鲜，设置乐浪郡等四郡。

倭人国家的登场

但是，汉朝并没有延续对这些地方的统治。乐浪郡等四郡中，有三郡被废止和迁移，最后朝鲜半岛上只剩下乐浪郡。乐浪郡逐渐将周边的县纳入自己的版图，至公元元年前后，下辖 25 个县，人口达 6 万余户，统治朝鲜半岛北半部的主要地域。

乐浪郡的管理者被称为郡太守或县令，由汉朝皇帝任命和派遣。在他们之下的低级官员基本来自当地的郡县人，很多都是“王”姓或“韩”姓的当地豪族，他们的祖先是卫氏朝鲜时候的豪族，以及郡县设立后的外来移民。

乐浪郡通过郡县制直接管辖领地，同时也插手周边诸国事务。日本列岛，特别是西日本的很多小国都会向乐浪郡朝贡。中国史书《汉书·地理志》中有这样一段记载：

> 乐浪海中有倭人，分为百余国，以岁时来献见云。

据推测，这是发生在公元元年前后的事情。

我们再看看其他区域和时期。对东南亚山地中的泰族的调查显示，集团（周围筑有高墙的部落、村落等的统一体）首领的权力一般有两大来源，一个是本地区开拓者子孙的身份，或外来贵族后代的血统；另一个则是依赖外部文明国家对其首领地位的承认。依赖外部的权威当然有风险，但是在首领权力确定的最早时期，很多区域都存在这种情况。

西日本很多小国通过向汉帝国的乐浪郡朝贡的方式，获得汉朝的认可，来增强自身的权力和权威。遥远的海岛小国向乐浪郡朝贡也彰显了汉朝皇帝的威望，所以乐浪郡非常欢迎这些小国，甚至还会游说其他小国前来朝贡。

东夷的倭奴国王和西南夷的滇王

成书于《汉书》之后的《后汉书》中有这样一段记载：

> 建武中元二年（57），倭奴国奉贡朝贺。使人自称大夫。(中略)光武帝赐以印绥。
>
> ——《后汉书·东夷传》，“倭”条

> 中元二年春，正月辛未，(中略)东夷倭奴国王，遣使奉献。
>
> ——《后汉书·光武帝纪》

一般认为，江户时代在筑前国志贺岛发现的“汉委奴国王”金印便是《后汉书·东夷传》中记载的“印绶”（绶指的是金印上的纽）。

当然关于金印，有人认为它是古代的伪造品，可能是江户时

图1 “滇王之印”

代的学者伪造的。其理由之一是汉朝赐给周边国家的金印中没有蛇钮图形。但是，这个疑问随着汉朝西南部，即现在云南省昆明盆地石寨山遗迹中刻有“滇王之印”字样的蛇钮状金印的出土而烟消云散了。

《汉书·西南夷传》记载，西汉武帝时期，出使西域的张骞向汉武帝进言，经由中国西南部的四川前往印度进行贸易活动，可以避免匈奴的干扰。而且，在汉武帝派遣使者的报告中出现了滇王国。王国的北部有许多大型农耕部落，它们的首领被称为“君长”。滇王的祖先庄跤是楚（战国时代的强国之一）庄王的子孙，被任命为将军，出征至滇一带，后来因秦朝的阻隔无法返回楚国，就在滇自立为王，“变服，从其俗”。公元前109年，汉武帝派兵征讨西南夷时，滇王主动向汉表示臣服，幸免于被消灭。汉朝在当地设置益州郡，赐滇王金印。西南夷的部落首领很多，但是被授予王印的只有夜郎（今天的贵州）和滇。据《汉书》记载，滇虽然很小，但是汉朝却给了它丰厚的待遇。

石寨山遗迹是一座王家坟墓。墓内有青铜器皿，上面刻有精致的立体人物和动物图像，还有巨型铜鼓等各种陪葬品，同时出土的就有“滇王之印”字样的蛇钮状金印。可以看出，滇王不仅是来自中国的后代子孙，他的王权还获得了汉帝国的承认，并且与外部地域的贸易也很发达。

另外，前面提到的奴国的中心地区，位于今天日本福冈市的南部至春日市一带，也出土了大量缸形棺和青铜器。但是，“汉委奴国王”的金印是在博多湾的志贺岛出土的，远离其中心地区。为什么会出现在志贺岛呢？众说纷纭，但基本可以推测应该在奴国时期就有了海上交流。奴国王的经济基础不仅是福冈平原丰富的水田地带，还有与大陆（主要是朝鲜半岛）的贸易。奴国王来自哪里我们无法考究，但是我们可以推测，他一定是与朝鲜半岛有着密切联系的人物。

最早的倭国王是渡来人吗？

且说，《后汉书·东夷传》中，在记录了公元57年（建武中元二年）倭奴国前来朝贡之事之后，还记载了以下事件：

安帝永初元年（107），倭国王帅升等献生口百六十人，愿请见。

距上一回倭国王朝贺正好50年后，出现了“倭国王帅升等献生口（战争俘虏）百六十人，愿请见”的事件。可以推测，当时的船只很大，能载客160余人。《后汉书·安帝纪》中的永初元年冬十月条也记载了“倭国遣使进献”一事。

关于107年前来朝贺的倭国王帅升，一般都认为“帅升”是他的名，不包含姓。但我觉得有可能是像中国人那样的“姓名”。所以又对它进行了一些研究。

确实，“帅”这个姓，在中国的后来朝代中，特别是清朝出现很多，但是在古代时期的中国很少。《汉书》《后汉书》和《三国志》的人名索引中，除了倭国王帅升之外，只在《汉书》（卷二十）的人名表中查找到在传说中的五帝之一颛顼的时代有个“帅味”。

但是，唐代的《通典》和《翰苑》又将《后汉书》中的倭国王“帅升”记成“师升”。这两本史料都是第二手资料，可信度低。然而，还有一本宋代编纂的《册府元龟》（南宋本），其中记载了“安帝永初元年（中略）倭国王师升等遣使奉献口百六十，愿请见”。这条记载是参照了前面讲到的《后汉书》中的《安帝纪》和《东夷传》。“师”和“帅”是非常容易造成误写的两个字，特别是中国周边的少数民族国家容易造成误写，所以有可能“帅升”原本就是“师升”。

假如“帅升”就是“师升”的话,《汉书》《后汉书》和《三国志》中“师”姓的人物就有很多，如“师旷”“师服”“师丹”等（同时，名为“升”的有“张升”“鲍升”“陶升”等），在中国式的姓名中并不稀奇。

为什么我会关注这个问题？就如我在后面第三章将会解释的那样，因为周边国家引进中国的姓氏制度来创立本国新的姓氏制度，应该是发生在4—5世纪东晋至南朝宋的时期。总之，在这之前，至少在倭国王时期，拥有“姓”的人（或者自称继承了“姓”的人）都是通过血缘关系（原则上指的是父系）继承了中国的“姓”。在朝鲜半岛一带，有很多带有中国姓氏的移民，他们的子孙也分布很广，这些我在前面都提到过。但是，如果倭国王“帅升”是“师升”的误写的话，他也可能是拥有中国式的“姓”的渡来人。当然，即使“师升”是正确的姓和名，他也未必一定是移民至朝鲜半岛的汉人子孙，也有可能是自称拥有中国式“姓”的韩人子孙，或者是从祖先开始就一直住在日本列岛的倭人的自称。如果是这样的话，将汉人的姓用于自称就具有一定的政治意义了，这令人深思。

然而，虽说“帅”和“师”容易误写，但是，是否存在误写也是个微妙的问题，需要严密的考证。在这里，我只是指出了各种可能性。

第二章　倭女王与贸易

东亚巨变和女王卑弥呼的登场

进入 2 世纪，后汉国力开始衰落，从公元元年前后就开始谋求政治统一的高句丽，势力增强，逐渐自立。当时，朝鲜半岛的东海岸北部有沃沮和濊族，西海岸至南部有韩族，他们分属于很多小国。

韩族又分为马韩、辰韩和弁韩（弁辰）三大族。马韩最大，分布于朝鲜半岛西南部，有 50 多个小国。辰韩和弁韩（弁辰）分布在东南部洛东江流域一带，分别有 12 个小国，合计 24 个小国。韩族走向政治统一晚于高句丽。

后汉王朝通过乐浪郡赐予三个韩族的首领“邑君”和“邑长”的称号和印绶，以及衣服和头巾（代表身份的衣服和头巾）。诸国首领还得到汉朝权势的庇护。随着后汉国力的衰落，韩族各国开始走向政治统一，乐浪郡的支配力被削弱，至 2 世纪后半期，乐浪郡的很多居民不断流入韩族和濊族地区。

在后汉王朝走向衰落的2世纪后半期，日本列岛发生了巨变。《魏志·倭人传》中有如下记载：

> 其国本亦以男子为王，住七八十年，倭国乱，相攻伐历年，乃共立一女子为王，名曰卑弥呼。

《后汉书·东夷传》中把这段时期称为“桓、灵之间”，即后汉桓帝和灵帝时代（147—189），也是后汉衰退时期。倭国王帅升的时代之后，又过了七八十年，至2世纪后半期，倭国大乱，最后拥立名为卑弥呼的女子为王，方恢复了政治统一。

丢失的记录

2世纪后半期，受到外来民族的干扰，中国陷入混乱。189年，后汉灵帝驾崩，朝廷宦官遭到大屠杀，都城洛阳一片火海，社会动荡不安，出现群雄割据的局面。不久，魏、吴、蜀三国鼎立，后汉灭亡（220）。

在这场动乱中，190年，辽东郡太守公孙度脱离汉朝，起兵自立，建立公孙氏政权，将乐浪郡置于其统治范围之内。3世纪

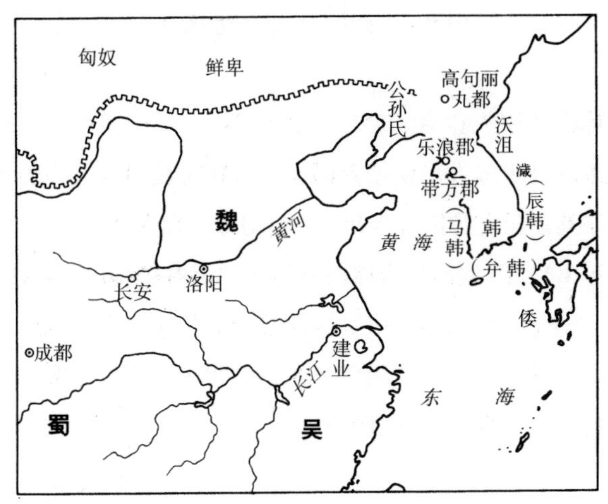

图2　三国时代的东亚

初，其子公孙康在乐浪郡的南边新设带方郡，重新建立对韩族的控制。带方郡的府衙位于平壤和首尔之间，或者是在首尔周边。

带方郡成立后，原属乐浪郡管辖的濊、韩和倭三地中，韩和倭划归带方郡管辖。这时候，倭国处于卑弥呼时期，卑弥呼应该派过使者向带方郡朝贡，详细报告了邪马台国成为盟主统一了倭国的事情。如果有人曾经编纂过公孙氏的历史的话，里面应该会详细记载倭国地区拥立卑弥呼为王的过程，以及卑弥呼和公孙氏之间的交流。但是，公孙氏政权在238年被魏所灭，并没有建立真正的王朝，所以大家并没有给它修录正史。

卑弥呼被册封为亲魏倭王

公孙氏政权灭亡后的第二年，239 年（景初三年）六月，卑弥呼派遣难升米等人出使带方郡，希望觐见魏国天子并朝贡。带方郡太守刘夏派官员护送难升米一行进京（洛阳）。

这年十二月，魏国皇帝颁给卑弥呼的诏书被收录于《魏志·倭人传》。《魏志·倭人传》中可信度较低的传闻居多，如风俗和地理方面的记载。但是，魏国皇帝的诏书却非常接近原文，是很贵重的史料。原文略长，引用如下：

（A）制诏亲魏王卑弥呼。带方太守刘夏遣使送汝大夫难升米、次使都市牛利奉汝所献男生口四人，女生口六人，班布（杂色织成的布）二匹二丈，以到。汝所在逾远，乃遣使贡献，是汝之忠孝，我甚哀汝。今以汝为亲魏倭王，假金印紫绶，装封付带方太守假授汝。其绥抚种人（倭人），勉为孝顺。汝来使难升米、牛利涉远，道路勤劳，今以难升米为率善中郎将，牛利为率善校尉，假银印青绶，引见劳赐遣还。

（B）今以绛地交龙锦（深红色底中织有龙图案的锦缎）五匹、绛地绉粟罽（深红色毛织品）十张、蒨绛（暗红色的绢）五十匹、绀青（铁蓝色的绢）五十匹，答汝所献贡直。又特赐汝绀地句文锦（紫色底中织有纹路的锦缎）三匹、细班华罽（碎花毛织物）五张、白绢五十匹、金八两、五尺刀二口、铜镜百枚、真珠（真朱，可能是水银做成的颜料的误写）、铅丹（可能是由铅做成的颜料）各五十斤。皆装封付难升米、牛利还到录受（按照物品的目录来接受）。悉可以示汝国中人，使知国家（魏帝）哀汝，故郑重赐汝好物也。

这封诏书由（A）册封、任官和（B）赐物两部分构成。（A）部分内容主要有两项：册封卑弥呼为亲魏倭王，假金印紫绶，以及册封使者难升米和牛利分别为率善中郎将和率善校尉，假银印青绶。（B）是对贡品的回礼，以及特别赐给卑弥呼的物品。

卑弥呼获得的“亲魏倭王”称号与西部的“亲魏大月氏王”是同一级别的。魏国为了牵制吴国和蜀国，给中亚的大月氏和倭国以特殊待遇。但是这里使用的“假金印紫绶（紫色的蛇钮金印）”中的“假”字表现出对接受方的资格的不确定性，似乎只是暂时授予，隐含魏国对倭国的期待和不安。

另外，魏国在平定公孙氏后，就加封韩族的各国臣智（首领）为邑君、邑长，但是这些称号都是低于王这个级别的。为什么要册封卑弥呼为王，而对文化程度更高的韩族的首领则授予比王更低的封号呢？这个问题我将在本章的后半部分进行探讨。

都市牛利和"都市"

让我们再次回到魏国皇帝给卑弥呼的那封诏书。其中卑弥呼的使者大夫难升米和次使都市牛利各出现了四次（见划线部分）。"难升米"出现的四次皆写成"难升米"，但是"都市牛利"只在第一次出现，之后都写成"牛利"了。如此庄严神圣的诏书中怎么会出现这样的表述差异呢?

首先我们想到的是"都市牛利"中的"都市"是姓,"牛利"是名。在中国的正史列传（人物传记）中，一般在人物第一次出现时都会写全姓和名,之后就会省略姓,只写名。在《倭人传》中也有这样的例子。

> [正始八年（247）]倭女王卑弥呼与狗奴国男王卑弥弓呼素不和,遣倭载斯、乌越等诣郡说相攻击状。遣塞曹掾史（负责安抚和统率郡辖内种族的官员）张政等因赍诏书、黄幢（魏国军队的旗帜），拜假难升米为檄告喻之。卑弥呼以死，（中略）更立男王，国中不服，更相诛杀，当时杀千余人。复立卑弥呼宗女（同一族的女性）壹与（亦写成台与），年十三为王，国中遂定。政等以檄告喻壹与，壹与遣倭大夫率善中郎将掖邪狗等二十人送政等还。

也就是说，卑弥呼向带方郡太守控诉与狗奴国的战争，带方郡遂派管理种族事务的负责人张政去支援卑弥呼，但不巧卑弥呼死了，国内大乱。于是，张政极力拥护卑弥呼的继任者壹与（台与），圆满完成使命后归国。这段记载的意义之重大姑且不论，但是可以确定一点，其中的人物“张政”在第一次出现时姓“张”名“政”，但是后面就只出现“政”这个名了。以此类推的话，前面那份诏书中的“都市牛利”应该也是以“都市”为姓，以“牛利”为名，从第二次出现开始就省略“都市”了。

但是，我将会在下一章详细讲到，当时中国的周边国家尚未参照中国的姓氏制度来创造自己新的姓氏制度，如果“都市”是姓的话，那他很有可能是（或者自称）继承了中国人的“姓”的渡来人。然而，“都”这个姓在中国古代文献中尚能看到，却没有发现姓“都市”的。还有，“牛利”这个名也不同于中国文献史料中渡来人的中国式名字，如“安”（张安）和“达”（曹达）之类，反而类似于《魏志·倭人传》和5世纪的金石文中出现的倭人的名（“难升米”“掖邪狗”“无利弓”等）。既然将“都市”作为姓的可能性很小，那么它有可能是其他的称呼。

“都市”是官名吗？

中国很早开始就有“都”（“都”为主管、统率之意）这个官名（广义上的），后来的朝代皆效仿用之。从汉朝到魏国，就有“都水（管理水利)”“都候(负责巡察)”“都船(管理船只)”“都讲(负责讲学)”“都官(负责督查官吏的不法行为)”“都督(管理军队)”“都司空(管理刑狱)”“都护(管理地方官吏)”等官名。那么“都市”是什么呢?这里也能找到答案。流传至今的两个印章(《十钟山房印举》官印)上刻有“都市”字样,表明它是负责管理市场的官名。《魏志·倭人传》中出现的使者难升米前面冠上了“大夫”,它是倭国大官的官名,像中国式的称呼。以此类推,都市牛利的“都市”极有可能也是类似中国式的称呼,代表的是倭国的一个官名。

《魏志·倭人传》主要由两大部分构成,一部分记载了倭国的地理风俗和社会制度,另一部分则介绍了倭国和魏国之间的交流。两部分参考的原始资料可能是不同的(未必是同一史料)。在第一部分中,有一句非常有名的记述:“国有市,交易有无,使大倭监之。”其中“监察各国市场的大倭”应该就是后面诏书中出现的“都市”。

在中国,“都市”原本不过是地方州县的下级官吏,史料中几乎没有提及。这个官名在汉朝的碑文中除了称作“都市”外,

图3 “都市”印 出自《十钟山房印举》

也叫“监市”(《隶释》卷一、卷五)。还有,“都市”一般指的是某一市场的监察官,不完全等同于《魏志·倭人传》中的“监察各国市场的官职”。另外,难升米的“大夫”是一个重要的官职,而随从竟是下级官吏“都市”,显得有失均衡。

虽然目前来看还存在很多疑点,但是中国方面在听到来自遥远东海岛国的使者说明自己的职位时,还是按照中国的习惯记成“都市”。“大夫”这个称呼有点过于高规格了,但是“自古以来,其使诣中国,皆自称大夫。”(《魏志·倭人传》)所以,中国方面只好默认对方的自称了。

王权与交易

关注“都市”是有原因的。著名古代史研究家石母田正曾经将《魏志·倭人传》中的“市”定义为倭地各国之间或是倭国与朝鲜和中国进行交易的正式场所,而且女王非常重视对它的管辖。近年,考古学者都出比吕志根据研究和对早期国家国际化的探讨,认为掌握物资流通是早期国家的重要功能,特别是对于倭王权而言,掌握朝鲜半岛铁资源的流通机构关系到王权的命运。如果卑弥呼派遣的都市牛利是监察各国市场的“都市”的话,又为解答 3 世纪倭王权的特点增添了新的线索。

《魏志·韩传》中关于辰韩和弁韩的记载写道："国出铁，韩、濊、倭皆从取之。诸市买皆用铁，如中国用钱，又以供给二郡（乐浪郡、带方郡）。"《后汉书·韩传》中记载道："（辰韩）国出铁，濊、倭、马韩并从市之。"《后汉书》的编纂者应该是参照《魏志》来写的，在某种意义上也是对《魏志》的解释和改写，让《魏志》中的内容更容易理解。因为有这样的可能性，所以未能得到重视。当时，倭人应该既有通过移民采矿也有通过市场交易来获取铁的。

如前所述，238年，魏国灭辽东的公孙氏，占领乐浪和带方两郡。次年，带方郡的属国——倭国便向魏国派遣使者。卑弥呼应该是在这个时候派遣"大夫"难升米和"都市"牛利的，如果这个推断成立的话，说明倭国的王权势力非常重视市场交易。而且，很多研究者一致认为，主要交易品就是朝鲜半岛的铁。铁才是促使未开发的倭国向文明社会飞跃的原动力。卑弥呼是为了确保铁的流通渠道才依附于魏国（带方郡）的。

代表王之权威的物品

卑弥呼重视交易的原因中还存在一个疑问，那就是：她是如何获得这些以视觉形式表现王族和当权者权威的物品（所谓的"威信财"）的？

让我们再次回到前面出现的诏书。在后半部分的（B）中，首先记载了魏国对卑弥呼回礼的物品和数量（第 34 页），卑弥呼的贡品只有“男生口四人，女生口六人，班布二匹二丈”，而魏国的回礼却相当的贵重。而且，除了回礼外，还有专门赠送给卑弥呼的礼品。其中关于铜镜，根据我们从古坟中挖掘出来的一些刻有“景初三年”字样的铜镜中，可以推测这些应该是魏国送给卑弥呼的礼物。

卑弥呼又是如何使用这些礼物的呢？也许她会留下一些做成衣服等自用。穿着龙锦刺绣的卑弥呼会是一种怎样的风姿呢？还有一部分礼品，根据铜镜的出土，可以推测应该是赏赐给下属部落的首领了。

在这些礼品中，锦缎自不待言，应该还有很多倭国没有的贵重物品。而卑弥呼把这些物品向国人展示，并分发给大家，则彰显了她的权威。当时日本没有的“金”也出现在礼品当中。

卑弥呼王权的支持者

卑弥呼被魏国皇帝授予“亲魏倭王”的封号，还获得了很多彰显其权威的物品。为什么魏国会对文化落后于朝鲜半岛韩族各国的倭国女王如此礼遇呢？最大的原因就是前面讲到的——魏国和吴国的对立。

受暖流的影响，日本列岛的自然环境和地理纬度更接近南方，中国这边也一直认为日本列岛地处南方。魏国优待倭国背后的原因是吴国的存在。“远交近攻”是自古以来对外交流的基本原则。卑弥呼在与倭地的狗奴国男王卑弥弓呼苦战时，魏国还让带方郡的“塞曹掾史”张政等人带着诏书和黄幢去支援卑弥呼。在卑弥呼与狗奴国的交战期间，张政一直滞留在倭国，更在卑弥呼死后，见证了继任者男王不受国人推崇，引发战乱造成千余人被杀的场面。最后，他还帮助卑弥呼同一宗族的女性壹与（台与）继任王位、恢复了国内秩序，之后才回国。魏国一直都在努力支持倭国的王权。

为什么倭国能够更早实现政治统一？

倭国能够更早地实现政治统一离不开它的地理条件和当时的国际背景。韩族的各个国家因为临近乐浪郡和带方郡，所以他们在统一政治时就会受到两郡的阻碍。例如，当时辰王以马韩的月支国为根据地统一韩族各国，魏国容忍了他的存在，但是魏国继续授予各国首领“邑君”“邑长”的封号和印绶，对于前往带方郡朝贺的首领更是赏赐衣帽（显示其身份的衣服和头巾），而得到魏国封号和赏赐的首领多达千人。所以，魏国虽然容忍辰王的存在，但是它通过赐予印绶和衣帽的方式直接掌控着韩族的各个国家，阻碍了辰王权威的扩展。魏国册封卑弥呼为“亲魏倭王”，却未曾正式册封辰王为“王”。

在卑弥呼与魏国开始交流的3世纪中叶，韩族首领攻击带方郡，当时的郡太守（郡的长官）战死。为此，带方和乐浪两郡进行了激烈的反击，韩族各国逐渐失去抵抗力。直到半个世纪后，也就是后面将会提到的313年，乐浪郡和带方郡灭亡之后，韩族各国才实现政治上的统一。所以，与韩族的情况相比，远离两郡，与它隔海相望的倭国的国际形势更为有利。

令人意外的是，倭国能够更早地实现政治上的统一还有一个原因，那就是日本不产铁。当然，也有人认为，日本从弥生时代开始就生产铁，但我认为即便有，也是很稀少的，大部分铁都来自朝鲜半岛。所以政治权力的存亡与铁的流通渠道息息相关。

日本列岛与外界的交流通道主要有（1）北方之路：北海道—萨哈林—沿海各州；（2）九州—朝鲜半岛的对马海峡之路；（3）西南诸岛等南方之路。每个时期都有不同形式的交流。其中（2）九州—朝鲜半岛之路在弥生时代的水稻、铁和贵重品的交流中起着非常重要的作用。当然，也有从北陆地方直接进入朝鲜半岛的形式，但是通过九州进入朝鲜半岛是主要通道。这点不存在争议。这样，对外交流的通道越狭窄，掌握这个通道的政治势力就越能获得优势地位。

卑弥呼的两张面孔

卑弥呼拥有两张面孔。一张面孔是"事鬼道、能惑众"，未开化的巫师；另一张面孔是在公孙氏灭亡后马上向魏国派遣使者、开展外交的文明之王。

第一张面孔与古代的复式族长制有关。王权由多名族长共同掌握的复式族长制在古代的波利尼西亚社会中比较常见。古代的日本政治是与祭祀密切相关的。一般男子负责政治，同族未婚女子负责祭祀。山背国（今京都府）的鸭县主（古代京都盆地一带的首领）和斋祝子就是一个例子，之后的天皇和伊势斋宫也是由他们演变而来的。女性（巫师）供奉神灵，倾听神的声音，男性管理政事。但是，一旦发生内乱，难以拥立男子为王时，就会拥护主持祭祀的女子为王。"事鬼道能惑众，年已长，无夫婿，有男弟佐治国。"像卑弥呼这样的王权也是一个例子。卑弥呼死后，虽然拥立了男子为王，但是造成了内乱，最后只好拥立与卑弥呼同族的壹与（台与），也是同样的例子。

卑弥呼还有另一张面孔。卑弥呼的王权所在地是连接朝鲜半岛的交通要塞。魏国在北九州的伊都国（今福冈县前原市）设置了一名官员，叫"一大率"，负责监察各国。还在北九州海岸的"奴国"和"不弥国"，以及海峡上的岛国"一支（壹岐）国"和"对马国"配置了一名官员，叫"卑奴母离"（相当于边境守备官）。卑弥呼的王国以对外交流、交易和当时紧张的国际背景为契机，建立了自己的原始官制。

生口和战争

在卑弥呼的时代，日本正处于弥生时代后期，或者是弥生时代向古坟时代过渡的时期。近几年的考古学发现证明，弥生时代类似于战国时代，是一个战乱的时代。在绳文时代，弓箭是狩猎的工具，但进入弥生时代后，弓箭就成为攻击人的武器。作为哨所、烽火台使用的高地村落，周围有沟渠或是插满木桩（一端埋在土里，冒出尖头）的环城濠村落，以及带有箭伤的人类遗骨等，可以证明弥生时代出现战乱的遗迹和遗物不断出土。吉野之里遗迹是其中具有代表性的例子。

为什么弥生时代会发生战乱？最强有力的原因就是进入了农耕社会。在以水稻农耕为主的弥生时代，经常出现争夺灌溉用水和水田开发的情况。还有，由于生产技术的提高，食物开始有了剩余，人们利用剩余食物进行交换获得的一些财物，都保存在仓库里。如果被哪个部落和国家征服，这些财物也将被没收。

农耕社会的形成的确是弥生时代出现战争的最根本的原因，我不予以否定。但是，我认为激化战争的原因除了农耕社会这个主要原因之外，应该还存在交易等一般原因。总之，当时存在争夺交易品“生口”的战争。

在第一章我们讲到，107年，倭国王帅升等人向后汉的皇帝进献“生口一百六十人”。239年，卑弥呼向魏国皇帝进献“男生口四人，女生口六人”。243年，卑弥呼再次进献“生口”。之后，卑弥呼的继任者壹与（台与）也进献了“男女生口三十人”（《魏志·倭人传》）。令人不可思议的是，倭国接连不断地进献“生口”，但其他东亚国家进献“生口”的现象只出现在4—5世纪（《梁书·百济传》等）。

“生口”作为战争的胜利品，就像《后汉书·西南夷传》中记载的“斩首××级”和“生口××人”，它原本是指俘虏，但在广义上应该是指奴隶。《魏志·倭人传》中记载，前往中国的海船上一般都配有一名巫师（保佑航海安全的巫师），如果航行平安无事的话，作为奖励，他就能得到“生口和财物”。另外，《魏志·濊族传》中记载，当村落遭受外来侵犯时，他们便会惩罚“生口和牛羊”。

所谓“生口”就是俘虏，是与财物、牛马等同的奴隶。与东亚其他国家相比，倭国很早就将他们作为进献的贡品。也许对于几乎没有什么特产的倭国来说，“生口”是最方便、也是相对而言最有价值的贡品吧。很早就将生口当做贡品的另一个背景就是，倭国在与别国交易时，用生口和其他产物一起去换取等价商品。再大胆地猜想一下，倭人可能用生口来交换朝鲜半岛的铁。

尽管时期和场所都不一样，但是众所周知，在近代非洲，为了争夺奴隶出口而发生的战争并不少。在弥生时代的倭人地域，是否也为争夺生口而爆发过战争呢？这将是今后研究的大课题。

第三章　大王（天皇）也有姓

中国周边民族的抬头和高句丽的发展

4 世纪，中国周边民族的势力逐渐增强，中国在边境设置的郡县不断被灭，大批胡人涌入中国华北地区，中国开始进入长达一百三十余年的五胡十六国时期。其实从前一朝代开始，各民族就不断向中国内地迁移，在西晋末期达到高潮，形成很多小国。人口的大迁移造成“关中（今陕西）之人，百万余口，率其少多，戎狄居半。”(《晋书 · 江统传》)“戎狄”分为西戎和北狄，指的是中国西部和北部的少数民族。

在朝鲜半岛上，高句丽的势力逐渐强大，313 年，它灭了乐浪郡，第二年又灭了带方郡，中国在朝鲜半岛长达四个世纪的郡县统治宣告结束。这时候，高句丽北面的扶余受到鲜卑族慕容氏的攻击逐渐衰退。大批扶余人流入高句丽，推进了高句丽的发展。

高句丽与势力迅速壮大的前燕国慕容氏相比邻，长期处于敌对状态。340 年，高句丽遭到慕容氏的攻击，都城被烧毁，大王父亲的坟墓遭到破坏，母亲和众妃子等 5 万余人成为俘虏。但是不久之后，高句丽又在原属乐浪郡的平壤重建王朝，且势力不断强大。这次复兴应该是得到了乐浪郡和带方郡当地华裔移民和这时期从中国迁入的移民的大力支持。

百济、新罗的建立和倭国进入朝鲜半岛

中国王朝虽然阻碍了韩族社会的政治统一，但是随着乐浪郡和带方郡对朝鲜半岛支配势力的减退，朝鲜半岛走向政治统一的趋势逐渐增强，进入 4 世纪中叶，马韩地域建立了百济国，辰韩地域建立了新罗国。

百济的发祥地——伯济国的汉城在马韩各个国家中是最靠近乐浪郡和带方郡的一个地方，也是与韩族各国和两郡相连的交通要道。高句丽攻打乐浪郡时，马韩也在攻打带方郡，交战的中心地带就在伯济国。临近带方郡的伯济国深受带方郡的影响，带方郡的本土汉人以及从中国来的新移民推动了百济的高速发展。

逐渐壮大的百济与南下的高句丽发生了巨大的冲突。369 年，百济在稚壤（原带方郡附近）打败高句丽。两年后，又攻打平壤，消灭了高句丽的故国原王。次年，百济向东晋朝贡，东晋遂向百

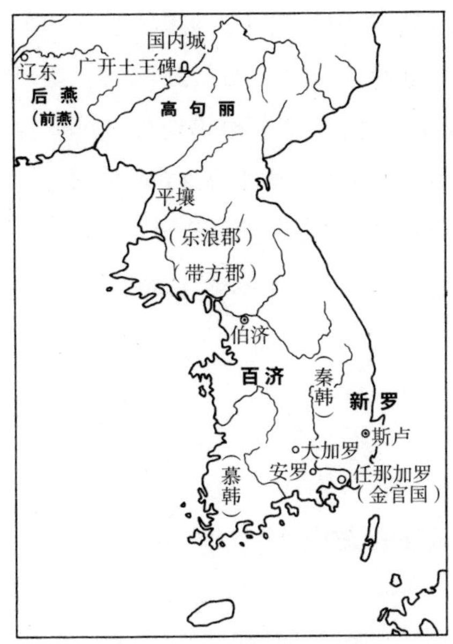

图4　4—5世纪时期的朝鲜半岛

济派遣册封使（册封百济王的使者）。在与高句丽的战争中，百济开始登上国际社会的舞台。

而且，百济在与高句丽交战之前，就联合朝鲜半岛南部的卓淳国，在360年开始与倭国建交，但是据推测，这应该与当时百济和高句丽的对立有关。联合倭国对抗高句丽是当时百济基本外交战略的开端。百济王子向倭王赠送自制的“七支刀”，现在还保存在石上神宫（今奈良县天理市）。

同时，辰韩地区的斯卢国异军突起，逐渐统一了周边小国，于4世纪中期建立了新罗国。新罗登上国际舞台是在377年，这一年它实现了与高句丽使者一起向前秦（五胡十六国中的一个国家）朝贡。新罗与势力逐渐从朝鲜半岛东海岸向南扩张的高句丽结盟，受其影响，势力逐渐增强。

弁韩（弁辰）地区的加耶诸国中的任那加罗和安罗等国与百济和倭国结盟，所以新罗选择了与高句丽结盟的发展道路（注：加耶和加罗用汉字表示时不同，但在朝鲜语中是相同的）。

4世纪中叶，高句丽的南下激化了朝鲜半岛各国间的对立和争斗，倭国也与百济结盟，积极投入这场争斗。百济也积极探索与倭国的合作。倭国毫不犹豫地答应百济的请求，向朝鲜半岛派遣军队，与高句丽的军队交战。

广开土王碑上的记述

当时，高句丽出现了一位伟大的国王，就是广开土王（好太王，391—412年在位）。他致力于高句丽疆域的扩展。其墓坐落于鸭绿江西岸的都城（今中国吉林省集安县），墓前矗立着一座高达六米多的巨大石碑（广开土王碑）。它的碑文记述如下：

> 百残（百济）新罗，旧是属民。由来朝贡。而倭以辛卯年（391）来渡，每破百残，□□新罗，以为臣民。以（永乐）六年（396）丙申，王躬率水军，讨伐残国。

广开土王碑属于一般的墓碑和墓志，但是它的形状大小在中

图5　广开土王碑　摄于战前

国的墓碑和墓志中都很少见。为什么会矗立着一座如此巨大的墓碑呢？它又记述了什么年代的史实呢？

墓碑的四个面都刻有碑文，共1775个字，由三部分构成：

（A）记述始祖邹牟王建国的神话传说，以及至广开土王时期王族的家谱。

（B）记述广开土王的丰功伟绩，按八个年代列举，共八条。

（C）记述广开土王陵墓的看守者共330户，并刻记不得转卖守墓人的法令。

（A）部分是序文，（B）（C）部分是正文（前面提到的辛卯年的记述属于（B）中的第二项）。人们一直关注的是（A）和（B）部分，但实际上建立这块墓碑的最大目的是确保清扫和管理广开土王陵墓的守墓人，也就是（C）部分。

高句丽自古以来就会从各地强制征募守墓人，让他们在陵墓周边建立村落，此后他们的子孙世代负责清扫和管理陵墓。但是在广开土王时期，世代王陵的守墓人错综复杂。因此，广开土王便下令在历代王陵的旁边建造石碑，刻上守墓人来自哪里以防错乱。

然而在高句丽的都城，买卖王陵守墓人的现象横行，王族的权威并未确立。高句丽的统治者由五部（五个族）构成，王族在其中并没有优势地位。所以，巨型石碑的矗立也显示了广开土王地位的不稳定性。

碑文（B）部分记载了广开土王从韩族和濊族夺取了64座

城，按照广开土王的遗言，其守墓人也主要出自这些城市。由此看来，（B）部分是作为（C）部分的前提出现的，讲述了守墓人的来源，而并非是宣扬广开土王的丰功伟绩。（C）部分末尾刻记的不得转卖守墓人的法令正是建造此墓碑的最大目的。实际上，在中国的史书中还记载，广开土王除了（B）部分的伟绩外，在与相邻的前燕的战争中也取胜了，但是因为这个事件与守墓人的来源无关，所以没有刻在石碑上。

广开土王碑上的“倭”

（B）部分中八条关于广开土王的伟绩可以分为两种情况，一是“王躬率”（王亲率军队出征），二是“教遣”（派遣军队）。“王躬率”说明只有通过亲征才能打开困难的局面，在碑文开头部分引用辛卯年倭国的一些情况，隐含了“王躬率”的意义。

碑文中记载，倭国进入朝鲜半岛，将原属于高句丽的百残（百济）和新罗当作“臣民”，所以广开土王要亲率军队出征讨伐。碑文中将“百济”记成“百残”，是故意藐视宿敌百济而对它进行蔑称。百济原本是高句丽的臣民、向高句丽进贡等语也是高句丽的一面之词。那么，倭国将百济和新罗当作臣民的记述又意味着什么呢？

碑文中，倭国在“王躬率”的记述中出现很多次。广开土王亲征的理由部分提到，征讨的对象如果是强大的敌人更能彰显出广开土王的伟大。碑文中讲到，倭国将高句丽统治下的百济和新罗视为“臣民”，在后方支援百济、新罗，以及加耶诸国（任那加罗、安罗）与高句丽交战。在这里，倭国被塑造成彰显广开土王丰功伟绩的道具。将百济认定为处于高句丽的统治之下，这只是碑文的理论；同样，倭国将百济和新罗看作“臣民”，也只是碑文上的记述而已。

但是，碑文中提到的历史事件是真实存在的。即使有夸大其词的嫌疑，但绝非虚构。虽然真实的情况并不十分清楚，但是，可以推测，倭国支援百济、在朝鲜半岛上与高句丽交战的事，以及加耶诸国中的任那加罗、安罗与倭国一道支援百济的事，都是真实存在的。

倭五王向中国南朝派遣使者

广开土王的碑文是按照高句丽王权的意愿来写的，所以，高句丽与百济和倭国之间的战争情况，无法直接从碑文中读取，但是可以确定，从整体趋势来看，高句丽逐渐取得了优势地位。371 年，百济进攻高句丽，高句丽的故国原王（第 50 页）战败而亡。然而在一个世纪后的 475 年，高句丽就攻陷了百济都城汉城，捕杀了百济的盖卤王。

在这个过程中，倭国向中国的南朝进贡，进而被任命为朝鲜半岛上的军事指挥官，进一步加强军事行动。

413 年，倭国向南朝的东晋进贡，这时距离广开土王碑上记载的 404 年高句丽击退出兵原带方郡地区的倭国一事有九年了。接着在 421 年，倭王赞从南朝宋的皇帝接受诏书和册封（可能是写作“安东将军倭国王”），四年后，赞向南朝宋派遣使者司马（安东将军府内的官员）曹达。赞之后又有珍、济、兴和武，合称倭五王都接受了宋朝的册封。

478 年，倭王武向南朝宋派遣使者。三年前，高句丽刚好攻陷了百济都城汉城，并捕杀了百济的盖卤王。倭国朝廷流传着“百济灭亡”的谣言，然而百济却后退至南方的熊津地区（今公州）并再度复兴了。倭王武自称“使持节、都督倭百济新罗任那加罗秦韩慕韩七国诸军事、安东大将军、倭国王”，向南朝宋寻求正式的任命。

“使持节、都督……七国诸军事”指的是获得了中国皇帝授予的象征军事领导权的“节”（证据）的武官称号，统领倭、百济、新罗、任那、加罗、秦韩、慕韩七国诸军事。但是，百济在 372 年就从南朝宋获得了“百济王”的封号，比倭国更早，所以，百济是不可能承认倭国的军事领导权的（另外，新罗尚未获得南朝宋的册封）。

南朝宋从七国中除去了“百济”，任命倭王武为“使持节、都督倭新罗任那加罗秦韩慕韩六国诸军事、安东大将军、倭国王”。

倭、新罗后面的“任那”指的是前面广开土王碑上记载的与倭国联合进行军事行动的“任那加罗”。也有史料把它称为“南加罗”“金官”，在《魏志·倭人传》中所载狗邪韩国的上游，很早开始就与倭国关系密切,位于现在的庆尚南道金海地区。后面的“加罗”就是史料中出现的“大加罗”,位于现在的庆尚南道高灵一带,在加耶（加罗）诸国中，它是与南面的任那加罗遥相呼应的北方的大国。还有剩下的“秦韩”和“慕韩”，虽然没能找到它们的准确位置,但是,秦韩很有可能是辰韩诸国中没有被新罗统治的地域,而慕韩则极有可能是马韩诸国中没有被百济统治的地域。

但是，这里还有需要再次引起注意的地方。我们很容易受到通过国境线来区分近代区域国家的概念的影响，然而在古代，王权所在地、王宫和王都虽然位置明确，但是它们的王权势力所能波及的范围并不十分明确，而是呈现阶段性流动的。

倭王武

在倭的五个王中，最早的赞和珍可能对应的是《古事记》和《日本书纪》中的应神、仁德、履中、反正等天皇中的某一位，

这点不是很明确。后面的济、兴、武则分别是允恭、安康、雄略三位天皇。其中武是《古事记》和《日本书纪》中的雄略天皇，即“ワカタケル（wakatakeru）”，这点可以确定。“ワカタケル（wakatakeru）”中的“タケル（takeru）”用中国的汉字标注为“武”。武向南朝宋皇帝呈交的上表文之开头部分记述如下：

> 封国偏远，作藩于外，自昔祖祢，躬擐甲胄，跋涉山川，不遑宁处。东征毛人五十五国，西服众夷六十六国，渡平海北九十五国。

而且，后文接着讲述道：“句丽无道，欲图见吞，掠抄边隶，虔刘不已，每致稽滞，以失良风。虽曰进路，或通或不。臣亡考济实忿寇雠，壅塞天路，控弦百万，义声感激。方欲大举，奄丧父（济）兄（兴），使垂成之功，不获一篑。（中略）窃自假开府仪同三司，其余咸各假授，以勤忠节。”

倭王武歌颂中国皇帝的仁德，为了扩大本国的疆域，倾诉先祖们征服东西方以及在朝鲜半岛上的战斗情形,进而提出承担“使持节都督倭新罗任那加罗秦韩慕韩六国诸军事”。

“幼武”大王

《宋书·倭国传》中出现的倭王“武”就是《古事记》中的“大长谷若建”和《日本书纪》中的“大伯濑幼武”[两者都读作“オホハツセノワカタケル”(ohohatuseno wakatakeru)]。“伯濑”是宫殿所在地的名称。“雄略”和“神武”“推古”等一样，使用的是奈良时代淡海三船[10]向天皇进谏的汉字谥号(中国式的谥号)，原本在《古事记》和《日本书纪》中并没有出现。“幼武”这个名字引人注目是因为稻荷山古坟出土的铁剑上的铭文。铭文上写道，辛亥年(471)，获居臣记录了从先祖意富比垝至自己共八代大王的系谱，并在最后做出如下总结：

> 世世为杖刀人首，奉事来至今。获加多支卤大王(ワカタケル大王)寺(衙门)，在斯鬼宫时，吾左治天下，令作此百练(反复锻造的)利刀，记吾奉事根源也。

根据这个铭文的发现，可以推断在之前发现的江田船山古坟出土的大刀铭文中的“获□□□卤大王”就是“幼武”大王。

在这里，我们可以发现两个铭文中都将“幼武”称作“大王”。在《古事记》和《日本书纪》中，自神武以后都称作“天皇”。但是，很可能“天皇”这个称号是在7世纪开始出现的，倭王武时代还没有“天皇”的称号，这个问题后面也会讲到。在中国的史书中，如《后汉书》中的“帅升”（或是师升）、《魏志》中的“卑弥呼”、以及《宋书》中的赞、武等都被称为“倭王”或者“倭国王”，倭五王自己也要求被册封为“倭国王”。但是，上述两个铭文中记载的都是“大王”。这是为什么呢?

“大王”称号始于高句丽。前面讲到的广开土王碑的开头部分就出现了广开土王的谥号“国冈上广开土境平安好太王”，在广开土王之后的长寿王时代也使用了大王（太王）的称号。“大王”称号强调了高句丽在自己势力范围内的支配和首领地位，特别颂扬了自己在国际社会中的威武和恩德。

4 世纪，在高句丽出现“大王”的称号之后，倭国才出现“大王”的称号，如 471 年出土的稻荷山铁剑铭文上的“获加多支卤大王”，其中的获居臣是辅佐幼武大王治理天下的人（吾左治天下）。江田船山古坟出土的大刀铭文中的“治天下获□□□卤大王世”也是，它直接指明了由幼武治理天下。

倭王武在给南朝宋皇帝的上表文中，强调了世代先祖为了扩充天下而战。这里的天下只不过是以中国王朝为世界中心的天下的一小部分，存在于以中国王朝为中心的天下的一个角落里。

但是，在倭国境内出土的刀剑铭文中，幼武大王表现出来的治理“天下”的理念却与上表文中的完全不同，甚至可以说是相互矛盾的。

幼武与高句丽大王的天下相抗衡，主张自己独立的天下，所以使用“大王”的称号，这种可能性很大，也符合当时北方的高句丽与南方的倭国相对立和对抗的国际形势。

东亚世界的“姓”

东亚各国政治外交的目的除了从中国皇帝获得册封以外，同时还有吸收中国的文化和制度。朝鲜诸国和倭国在4—6世纪继承和接受了中国的姓氏制度。

我们的姓名或氏名开始于哪个时代和哪个民族呢？姓（或氏）和个人的名连称的制度产生于特定的历史环境。当然，部落名和氏族名在文明出现前的社会就已经存在，但是，将部落名、氏族名与个人名连起来使用的制度产生于古代的中国和罗马帝国。

在中国各王朝与周边国家交涉的过程中，中华的“姓”制度也影响了周边诸国。朝鲜半岛上的高句丽、百济、新罗三个国家中，在史书中最早出现“姓”的分别是372年的百济王余句、413年的高句丽王高琏，他们都是在向东晋朝贡时被册封的。百济王的“余”姓是夫余（亦写成扶余）的略称，传说百济是从北方的夫余族分离出来的，后来南下建立了国家。高句丽王的“高”姓则由来于高句丽的国名。历代百济王和高句丽王都一直自称姓“余”和姓“高”，与中国交流，直到7世纪后半期两个王朝灭亡为止。而且，在 7 世纪后半期，亡命至日本的百济王一族也自称姓“余”。

在百济和高句丽，除了王的姓“余”和“高”之外，贵族中还有“解”“真”“燕”（百济国）、“马”“董”“泉”（高句丽国）等姓，他们使用中国的一个汉字来作为姓。但是，同时也出现了使用多个汉字表记百济语和高句丽语族名来作为本土人的姓的现象。不过，统治阶层中也有没有姓的，平民可以说基本上没有姓。

传说在新罗，王的姓有三个——“朴”“昔”和“金”，它们被交替使用。姓在新罗史上第一次出现是在 565 年，新罗王金真兴向北齐朝贡并接受册封。虽然在时间上，新罗晚于百济和高句丽，但也是通过向中国王朝进贡的契机开始使用姓的。“金”这个姓一直由历代新罗王传承下去，但是在新罗消灭百济和高句丽、统一朝鲜半岛以前，新罗王只姓金，这点可以算得上是新罗姓的特色。当然平民是没有姓的。

那么，倭国又是怎么样的呢？当时的日本列岛和朝鲜半岛一样有从中国大陆来的渡来人，他们拥有中国式的姓。但是，据《宋书·倭国传》记载，日本最早拥有自己的姓是在 421 年，“倭赞”向南朝宋进贡并接受册封。“倭赞”中的“倭”是姓，这点还可以从 451 年“倭国王济”向南朝宋进贡时的记载得以证实。《宋书·文帝纪》（元嘉二十八年七月甲辰条）记录道：“安东将军倭王倭济进号安东大将军。”《宋书·倭国传》中还有一条关于倭赞的弟弟珍向宋朝谋求称号的记载：“倭隋等十三人被封为平西、征虏、冠军、辅国将军等称号。”这里的“倭隋”就是指珍（倭珍）一族。像这样，倭国五王及其一族利用接受中国王朝册封的契机，自称姓“倭”，从而继承和接受了中国的姓氏制度。赞、珍、济、兴、武这些单个人的名字，如“ワカタケル”（wakatakeru）的“タケル”（takeru）则表记为中国汉字“武”，是用于册封的名字。当时的中国已经有很多单个汉字的名字了（百济王“斯麻”在册封时的名字为“隆”）。

新罗是金银之国

高句丽王族的“高”姓、百济王族的“余”姓和倭王族的“倭”姓都来自于广义上的种族名（传说百济来自夫余族），但是为什么新罗王族姓“金”呢？

新罗的都城称为“徐耶伐”（sio-ia-por）、“徐罗伐”（sio-ia-por）、“徐伐”（sio-por），其中“徐”的发音（sio）是表示黄金的意思，“耶”和“罗”的发音（ia）表示“地方”的含义，“伐”的发音（por）在日语中读作“hure”，表示村庄的意思。总之，连起来就是“出产黄金的村落”的意思。还有，“新罗”的发音“siraki”中的“sira”也是一个表示有黄金的古语词，“ki”则解释为村落的意思（日本古典文学大系《日本书纪》注）。也就是说，新罗是黄金之都，其王族姓“金”恐怕也是由此而来的。

《古事记》和《日本书纪》记载新罗是盛产金银的国家。例如，《古事记》的皇后息长带比卖命（神功皇后）篇中写道，仲哀天皇欲征讨熊曾国，抚琴请命于神，皇后乃降起神来，说神启示道：

> “西方有一国，黄金白银，以至种种照耀人眼睛的珍宝，其国多有，我今将其国赐给你们（使其归顺）。”

但是，天皇答道：“走上高的地方，往西方望去，不见国土，只有大海罢了。”他不相信神的话，神大怒，因触犯了神灵，不久就升遐了。之后，由孕有皇子（应神天皇）的皇后去征讨新罗国。故事梗概就是这样。这个故事同样出现在《日本书纪》中，书中记载道：“耀眼的金色、银色和彩色都出现在这个国家。”《日本书纪》继体六年条将高句丽、百济、新罗和任那等朝鲜诸国称为“海上的金银之国”。

古代的日本列岛不产金银，在弥生时代也几乎不产铁。但是从古坟时代中期，即倭五王时期开始，来自朝鲜半岛的渡来人带来了制铁技术，日本列岛内能够大量生产铁，但还是不产金银。

金银在人类发展历史上发挥了重要作用。特别是在提高大王的威信方面，金和银拥有超强的功能。在倭国历史上，朝鲜诸国供给的金银极大地影响了王权的存在。

第四章　迈向东海帝国之路

处于转换期的幼武大王

倭国在倭王武向南朝进贡后，有一个多世纪都未曾向中国王朝进贡，也没有接受册封，当然同时也没有使用“倭”姓。

脱离了中国的册封体制后的倭国，在效仿朝鲜诸国的国家制度的同时，开始尝试建立本国的制度。它模仿中国，试图探索一条成为支配周边民族的帝国——漂浮在中国东海上的小帝国之路。而倭王武，即幼武大王正处在这个岔路口。

幼武大王被后世的人们视为大王中的大王。比如，《万叶集》卷一就是从幼武大王的求爱歌开始的。

> 筐兮明筐，携在旁，圭兮利圭，执在掌。有女其姝，采菜斯冈。言告我以家，其诏我以名！天皋盈大和，率唯我平治，率唯我敷坐。唯我斯告兮，尔名亦尔家。[11]

日本最早的说话集《日本灵异记》也是从幼武大王的故事开始的。书中记载道："幼武大王和王后正在寝殿中婚合之时，不巧侍童小子部栖轻闯进来了。慌乱之中天皇即刻令其前去捉拿响彻空中的雷神。"

从幼武大王的名字马上可以联想到倭建命的神话故事。倭建命接受天皇的命令，在西讨出云建、熊曾建之后，又继续东征，平定众凶神。最后，他将从伊势的倭比卖命那里得到的草那芸剑留在尾张的美夜受比卖之处，独自登上伊吹山讨伐山神，此后在赴大和的途中升遐，化作白鸟飞走了。

《古事记》中倭建命的传说让人不由得想起倭王武的上表文"自昔祖祢，躬擐甲胄，跋涉山川，不遑宁处"。倭建命的神话像是游离于现实之外的孤独的罗马英雄故事。也许倭建命的神话源自幼武大王的故事，抑或幼武的名字源自倭建命的神话传说？这些都不得而知。

来自朝鲜半岛的渡来人

来自朝鲜半岛的渡来人带来了水稻耕作和金属器制作的技术，日本列岛发生了翻天覆地的变化。这些在前面已经提到过。渡来人的迁移应该出现了好几次高潮，特别是从4世纪后半期开始更加活跃。

《古事记》和《日本书纪》中记载了在4世纪至5世纪初的应神天皇时期，西文氏王仁、秦氏弓月君和东汉氏阿知使主这些历史悠久的渡来人的迁移神话，而且将5世纪后半期雄略天皇时期的移民也算到了应神天皇时期。但是，在倭五王中最早的倭王赞的时期，也就是推断为应神天皇（记纪中的乎非王）的时期，渡来人不断迁入和增加，这是大致无误的。这个时期同时也是广开土王碑上记载的高句丽军和倭军开始交战的时期。

渡来人中，也有一些是入侵朝鲜半岛的倭军带回来的俘虏。在人类史上，泰国的大城王朝在攻击了先进的高棉国后带回了许多僧人、官员和技术人员，吸收高棉国的先进文化整治本国体制。蒙古人也是利用战争的契机，将许多技术人员带回国。

渡来人中，还有一些诸如五经博士等拥有高度学识的人，他们则是由百济国派往倭国的。因为百济要对抗高句丽，需要倭国的支持。另外，在倭五王与中国的南朝宋通好时期，也有直接从中国大陆迁移至日本的人。移民高潮出现在5世纪后半期的雄略天皇（倭王武）时期至6世纪，之后更加活跃，这些新移民被称为新汉人（新来的汉人），他们不断带来大陆的先进文化。

移民日本列岛的国际背景是中国大陆的大规模人口迁移。当时，中国内陆不断有周边胡人入侵并建立自己的王朝，在这些胡人政权的镇压下，很多内陆人被强制移民。东方的大迁移浪潮也波及日本列岛。与此同时，西方也出现了日耳曼民族大迁移。

渡来人带来的文化

渡来人带来了各种文化，其中“文字”的读写促进了倭国王权的发展。一批姓“史”的渡来人世代从事倭王事务的记录以及征税、出纳、外交等工作。

渡来人带来了制铁技术，革新了农具、武器等铁器的制作技术。据推测，5—6 世纪，日本列岛开始自己生产铁，对朝鲜半岛的铁的依赖度逐渐降低，这个现象成为倭国王权摆脱中国王朝的册封体制、迈向东海帝国之路的重要背景。

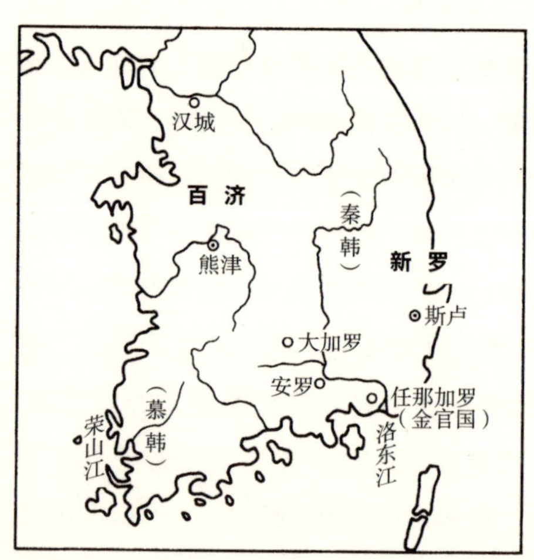

图 6　5—6 世纪时期的朝鲜半岛南部

因为大规模的灌溉水渠工程成为可能，当时人们在台地等处开垦了不少高产量的旱田，还传入了高温烧制须惠土器的技术和编织锦缎等高级织物的技术。

倭国的王权有效地组织和利用渡来人，不断

强化自己的势力。大和朝廷组织机构的核心——"部"制度也是吸收了渡来人带来的百济制度而建立起来的。

"任那"是什么?

在这里，我想讨论一下有关"任那"的问题。近代大日本帝国曾使用"任那"这个词语来标榜其殖民地统治的正当性，所以在近几年的教科书和史学概论书中都尽量避免使用这个词。其实这样做反而歪曲了历史。问题的关键首先出自《日本书纪》中对"任那"这个词语的特殊用法。《日本书纪》中记载，朝鲜半岛南部整个区域都被称为"任那",倭人的官员被派驻在"任那日本府"。《日本书纪》中的"任那"到底指的是哪里？还有,《日本书纪》中"任那"的特殊用法出自哪里?

在朝鲜半岛大量移民迁往日本列岛的同时，日本列岛也有移民迁往朝鲜半岛。朝鲜半岛南端的任那加罗（金官国，今天的金海）地区从弥生时代开始就与倭国来往密切。如前所述，广开土王碑上记载道，5世纪初"任那加罗"与倭国结盟对抗高句丽,《宋书·倭国传》中记载道，南朝宋皇帝任命倭王"都督倭国新罗任那加罗秦韩慕韩六国诸军事"。这里的"任那"指的是庆尚南道金海地区加耶诸国中的一国，即广开土王碑上的"任那加罗”。其他朝鲜史料中也有类似记载。如《三国史记·列传》中第一条写道:“臣本任那加良人。”还有，真镜大师塔碑上写着:“(大师)的祖先是任那的王族”。这里的“任那”指的都是加耶诸国中的一个国家。另外，中国史料《翰苑》中的“任那”指的也是任那加罗。

但是，辞典和教科书中一般认为,《日本书纪》与中国和朝鲜的史料不同，它把“任那”指代为加耶诸国的统称。但是，相对于加耶作为指代洛东江流域各国的地域名而言,《日本书纪》中的“任那”指代的是以任那加罗为中心的政治领域。因此，它指代的范围是流动的，既有与加耶地域重合的部分，也有不重合的部分。

《日本书纪》对“日本”这个词的使用将是解答《日本书纪》中的“任那”的关键。《日本书纪》将“日本”训读成“大和”，指代大和朝廷统治下的大八州，这样，倭国王权所在地大和也就指代了倭国王权统治下的所有领域。以此类推,《日本书纪》中的“任那”在指代任那加罗的同时，也指代了以任那加罗为中心的政治领域。

且说，在百济和新罗之间的弁韩地区也是小国林立，其中南面的任那加罗和北面的大加罗(今天的高灵)势力逐渐强大。《宋书·倭国传》中出现的“任那”和“加罗”分别指的是“任那加罗”和“大加罗”,将建国神话流传至后世的也是这两个国家。

南面的任那加罗与倭国结盟，利用倭国的军事力量试图实现政治统一。当时，任那加罗和倭国频繁进出西面的“慕韩”地区。“慕韩”原本是“马韩”的一部分，指的是没有被纳入百济版图下的一些小国（大约在今天的全罗南道），所以他们实现政治统一相对较晚。任那加罗和倭国可能将倭国军队和移民输送至慕韩地区的各个小国。当然，除了大和王权外，倭国各地的豪族也参与其中了。倭人集中居住在慕韩的上哆唎、下哆唎、娑陀、牟娄一带。他们之中也有与王族没有任何关系的以前的移民。《日本书纪》将上哆唎等四个地区记为“任那日本县邑”和“任那国上哆唎、下哆唎、娑陀、牟娄四县”。这四个县位于任那国内（以任那加罗为中心的政权），作为倭人（日本人）集中居住的区域，所以记载为任那国的日本县邑。可能移民中多数人与当地女性结婚，共同构建当地的政治和社会。事实上，这些地域位于荣山江流域，在加耶地域的西面，不属于加耶，但是属于《日本书纪》中的“任那”。近年来，在全罗南道的这些地区发现了十余个前方后圆的古坟，可能与倭系的本土豪族（以及他们的子孙）有着密切关联。

倭和“任那”

如前所述，475 年，百济被高句丽打败，失去都城汉城（今天的首尔附近），迁都南方的熊津（今天的公州），逐步向南方扩展势力。509 年，倭国将脱离百济的控制（不再赋税和承担劳役），逃亡至“任那日本县邑”的百济人民（及其子孙）又迁回至百济。但是，在三年后的 512 年，倭国便将四个县割让给了百济（《日本书纪》）。四县再次归入百济版图。

另一方面，新罗也开始在加耶地区进出。527 年，倭国为了对抗新罗，准备派遣六万大军，但由于新罗的盟国筑紫国的国造[12]磐井出兵阻拦，最后未能成功出兵。532 年，任那加罗（金官国）被新罗降服，倭国失去了在朝鲜半岛上的重要据点。

但是，《日本书纪》还是一直将加耶的几个小国统称为“任那”，也许是出于倭国王权对“任那”的执念吧。实际上，在任那加罗被新罗吞并后，倭国就将所谓的“任那日本府”[《日本书纪》中记载的设置在“任那”、以倭（日本）为主的外交机构]置于加耶各国中实力最强的安罗国（今天的咸安）的管辖之下。同时，“日本府”的官员们以百济为据点，联合大加罗等加耶各国，一起致力于任那加罗等国的复国，企图摆脱新罗的统治。

加耶地区与任那加罗齐名的另一强国大加罗在逐渐伸展自己的势力的过程中，于 479 年，向中国南朝的南齐派遣使者，接受“辅国将军、加罗国王”的封号，但是不久又陷于新罗和百济之间的两难境地。大加罗王虽然与新罗贵族女子结成政治联姻，但是它又害怕被新罗消灭，所以同时也和百济结盟。于是，562 年，百济的圣王（圣明王）在与新罗的战斗中死去，之后不久，大加罗最终被新罗所灭。

《日本书纪》中记载的“任那灭亡”，也就是大加罗（及其盟国）灭亡的时刻。《日本书纪》中“任那”的成员国加耶各国不断被统一和灭亡，倭国逐渐失去了在朝鲜半岛上的立足之地，这时候“任那”就彻底灭亡了。

佛教的传入

且说，在渡来人带来的各种文化中，对日本思想史影响最大的是佛教。大乘佛教——起源于印度的佛教的一支，于公元 1 世纪左右通过中亚传入中国。但佛教真正在中国扎根是在 4 世纪至 5 世纪，进入华北一带的胡人政权尤其积极地接受佛教。

朝鲜半岛各国接受佛教最早的是高句丽，约在 4 世纪后半期左右，紧接着是百济，最晚的是新罗，可能与他们中央集权体制的建立时期相对应。

倭国可能也是通过渡来人引进佛教的。538 年（或 552 年），百济的圣王向日本朝廷进献佛像（可能是小金铜佛）、佛具、经典等。对佛像的崇拜引发了苏我氏和物部氏之争，但是史书上将佛教记载为“他国神”“蕃神”，认同它类似于古代的神灵。

但是，佛教是通过印度—西域—中国—朝鲜等国家和社会传来的世界性宗教，超越了国家和村落的习俗和信仰，普遍的教理和哲学构成它的基础。佛教传入日本列岛后，在古代国家的形成过程中发挥了重要的思想作用。在佛教传入的同时，儒教和民间的道教也混杂在佛教之中一起流入了日本列岛。

“飞鸟是日本文化的故乡”

在飞鸟的高松冢古坟中发现精美壁画的时候，一句引人注意的广告语也随之诞生：“飞鸟是日本文化的故乡。”为什么说飞鸟是日本文化的故乡呢？

高松冢所在的桧前地区在奈良时代属于大和国高市郡，其中高市郡的南部自古以来属于今来郡。雄略天皇时期从百济送往倭国的“今来才伎”（才伎指的是技术者）被称为“新汉人”。他们主要居住在桧前地区，后来这个地区被编入“今来郡”。今来郡又在7世纪后半期被纳入高市郡。但是到了8世纪后半期，东汉氏的族长坂上苅田麻吕在上奏文中称：

> 先祖阿智使主，轻岛丰明宫驭宇天皇（应神）御世，率十七县人夫归化，诏赐高市郡桧前村而居焉。凡高市郡内者桧前忌寸及十七县人夫，满地而居，他姓者十而一二焉。

可以看出，高市郡中多数人是外来人口。当然，这篇上奏文是用于申请郡司等职务的，多少有点夸大其词。但是，以桧前为中心的飞鸟地区是渡来人集中居住的区域，这是可以确定的。

有名的飞鸟寺是由百济王派来的僧人、木匠、修路人、瓦工和画工等建造的，所以相传寺院金堂的释迦如来像是渡来人鞍作首司马达等的孙子鸟（止利）的作品。如来像镀金所用的三百二十两黄金都是由高句丽王馈赠的。倭国和高句丽从 6 世纪开始交流逐渐密切。

来自朝鲜半岛的渡来人居住在筑紫和吉备等地，从 7 世纪后半期开始，在百济和高句丽灭亡后迁移过来的人中有很多又被送往了东国。大多数渡来人，特别是技术人员，以及百济和高句丽的亡命王族和贵族基本上都居住在内陆（畿内）。平安时代初期撰述的《新撰姓氏录》中记载了一份京都和畿内的氏族名单，其中渡来人共有 362 个氏族，约占全体的 30%。

飞鸟时代至奈良时代，渡来人大部分都居住在畿内，确切地说是在河内和大和一带，特别是大和的飞鸟，是渡来人集中居住的区域。所以说，飞鸟文化是由渡来人催生的文化。

渡来人和“日本”“日本人”

古代史学家关晃曾在其著作《归化人》的开头部分做了以下记述：

> 我们的祖先同化了归化人——这种说法十分常见，但事实上却并非如此。归化人才是我们的祖先。他们并非为日本人工作，他们就是日本人。

关晃在文章里添加了若干个注释，对他所使用的“归化人”这个词语做出了解释，这主要是出于对《日本书纪》的尊重。《日本书纪》吸收了中国的传统思想，在书中记载了当时中国皇帝的威望：“周边的蛮夷之邦仰慕天子的德行而纷纷归顺。”但是，《古事记》中却没有出现“归化”这个词语，而只用了“渡来”这个词。“归化”原是从王权中诞生的意识，然而在古坟时代，应该还没有“归化”倭国王权的意识产生，所以在这里，本书决定采用“渡来”这个词。

关晃的文章中还有一个问题值得探讨。有一句话是“他们并非为日本人工作，他们就是日本人”，这里使用了“日本人”这个词语。一般认为，“日本”这个国号在6世纪之前尚未出现，所以“日本人”这种说法是错误的。但这个问题并非如此简单，因为“日本”国号（王朝名称）的成立与“日本人”这个民族意识的形成过程是完全不同的两个问题。

首先从外部来看日本列岛。朝鲜的《三国史记》(新罗、高句丽、百济的历史书)中留下一段引人深思的记述：779年(日本奈良时代)，“倭人”看到来到“日本国”的新罗使者贵族金严和唐朝使者高鹤林畅谈的样子十分吃惊。可以注意到，这里它将“日本国”朝廷中的人们称为“倭人”，区别使用国名(王朝名称)“日本”和种族名“倭人”。

日本文献中有时使用“日本人”这个词语来指代共有某种(广义上的)文化的人们。13世纪的《宇治拾遗物语》(卷十二之十九)就是一个例子。这本书里面收录了一个关于亡命新罗的壹岐武士击退猛虎并获得奖赏的故事，为了与新罗人形成对比，就使用了“日本人”这个词语，以指称“(拥有)勇猛善战(这一共性)的人们”。在这里，“日本人”意为“日本王朝支配下的人”，以前也曾出现过。但是，“日本人”这一概念是指共有某种(广义上的)文化的民族，与作为国号(王朝名称)的“日本”是角度完全不同的两个问题，前者的形成时期应该更晚(这个问题将会在第八章详细讲述)。

让我们将话题转回关晃的著作。关晃还讲道：“我们，不论是谁,都拥有10%或20%归化人的血缘。”这一点勾起了我的回忆。

那是在二十多年前，高松冢古坟壁画被发现的几年后，在奈良召开的研究会后的集体旅行中，我访问了飞鸟的史迹。在前往高松冢古坟的路边休息时刻，一位居住在日本的朝鲜老者，边开着啤酒的易拉罐，边感慨地说："这里是祖先来过的地方吧。"我听到后，被这句话深深地打动了。但是，过了不久，我意识到，与近代移民至日本的朝鲜人（也许在日本有两代人了）相比，恐怕还是我与古代迁往桧前的渡来人的血缘关系更接近吧。那么，我们之间感慨的差异到底是什么呢？我陷入了思索之中。也许其中交织了近代朝鲜和日本之间的问题，但是我无法对此给予解释。

另外，再补充一句，据推定，高松冢古坟中的壁画是由渡来人（包括他们的子孙）绘制的。

与中国王朝再度交好的背景

且说，自 478 年，倭王武（雄略天皇）向南朝宋进贡以来，在长达一个多世纪的时间里，倭国一直与中国王朝处于断交的状态。高句丽、百济、新罗都接受了中国南北王朝中的某一个王朝（或两个王朝）的册封，与此相比，倭国在国际上的特殊地理位置开始浮现出来。

如前所述，在这期间，朝鲜半岛南部发生了巨大变化。百济和新罗逐渐吞并半岛南部的各个小国，新罗也将倭国的盟国任那加罗纳入自己的版图。倭国与新罗的对抗意识不断增强，并与百济结盟，吸收百济的制度和文化，完善本国的政治制度。

倭国与中国王朝断交后的6世纪末期，东亚局势发生激变。中国分为南北两个王朝，北部的隋朝于589年灭了南部的陈，至此出现了统一中国的大帝国。

隋朝帝国的出现极大威胁了与隋接壤的高句丽，这种紧张局势也波及了百济和新罗。高句丽和百济马上接受隋朝的册封。隋朝的出现加剧了朝鲜半岛的动荡局势。591年，倭国向筑紫派兵，对新罗施压，意图再建“任那”领地。但是由于594年，新罗接受了隋朝的册封，所以倭国又于次年595年从筑紫撤回了军队。

598年，高句丽和隋朝之间发生了冲突，最终以高句丽战败谢罪告终，但是这场冲突波及了百济。两年后的600年，倭国再次对新罗采取强硬政策，向朝鲜半岛派兵一万余人攻打新罗，要求新罗和“任那”（以任那加罗为中心的四个县）每年向倭国进贡。这时候的“任那”已经被新罗吞并，但是倭国对“任那”的支配意识仍然很强烈。

同年，600年，倭国向隋朝派遣使者。在空置了一个世纪之后，倭国再次向中国王朝进贡。也许是因为594年新罗接受了隋朝的册封，为了改善与新罗的关系，倭国才向隋朝进贡的，因为攻打接受了隋朝册封的新罗王会被视为侵犯了隋朝的天下。

600年的遣隋使

《隋书·倭国传》中记载了以下事件：

> 开皇二十年（600），倭王姓阿每，字多利思比孤，号阿辈鸡弥[读作あめきみ（amekimi），或おほきみ（ohokimi）]，遣使诣阙。

当时派遣使者的背景前文已陈述过。这里需要注意的是派遣使者的倭王（《古事记》和《日本书纪》中的推古天皇）的称呼“姓阿每，字多利思比孤，号阿辈鸡弥”。它与《隋书》中对高句丽、百济和新罗大王的称呼完全不同。朝鲜半岛上的三个国家，曾经利用向中国王朝进贡的契机开始使用“高”（高句丽王）、“余”（百济王）、“金”（新罗王）等姓，一直到国家灭亡，对内对外都坚持使用这个姓。他们同时还使用“汤”（高句丽王）、“昌”（百济王）、“真平”（新罗王）等中国式的名字。虽然倭五王曾经也使用过“倭”姓和“赞、珍、济、兴、武”等中国式的名字，但是在倭王武之后，倭国与中国断交，脱离了中国的册封体制，同时也就脱离了中国的姓氏制度。

那么，这里就出现了一个“姓阿每”，难道是倭王再次拥有自己的姓了？恐怕不是这么简单。派遣使者必然会被询问倭王的姓和名，可能这个姓和名是当时倭王的称呼，所以使

者回答“アメタラシヒコ（ametarasihiko）”[13]或“おほきみ（ohokimi）/ あめきみ（amekimi）”。对中国的官员而言，倭王应该也是拥有自己的姓的，所以他们将“アメ（ame）”理解为姓了，或者也有可能使者被问住了，苦于不知如何回答，就把“アメ（ame）”当作姓了。

被忽视的600年的遣隋使

然而，《日本书纪》中并没有记载600年当年派遣隋使的事情，只在七年后的607年（推古十五年）的七月记上了一条“大礼小野臣妹子出使大唐（隋），以鞍作福利为通事（翻译）”，证明倭国开始与隋朝交好。为什么《日本书纪》没有记录600年遣隋使的事情呢？《日本书纪》的编者应该是参照《隋书》来编写的，所以不可能不知道遣隋使的事情。

关于这个问题有多种说法，有人认为，使者并非是朝廷派出的，可能是其他地方机构（如筑紫的大宰府）派出的非正式的使者。但是，不能否定这个遣隋使是倭王派出的正式使者。假设《日本书纪》是有意不记载这个事件的话，那就能更深层次地理解推古朝的历史了。

经过了一个多世纪后，倭国于600年再次派遣使者进入中国的都城，会是怎样一种感慨呢？很遗憾，没有留下详细的史料记载。只有《隋书》做了如下记载：

> 上（隋文帝）令所司访其风俗。使者言倭王以天为兄，以日为弟，天未明时出听政，跏趺坐，日出便停理务，云委我弟。高祖（文帝）曰："此太无义理。"于是训令改之。

当时，使者心中该感到多么羞耻啊！亲眼看到隋朝繁盛的都城，以及倭国未曾有过的先进文明，对于当时的使者是多么巨大的刺激，我们不能想象。

还有，使者的着装也没有得到详细描述，应该是没有戴上能够显示自己在朝廷中地位的官帽。因为当时的日本朝廷还没有制定冠位制度。

在外交界，不论东方还是西方，使者在本国地位的高低具有很重要的意义，而在倭国朝廷实施的八色制，只代表了各自的出身和职业，与在朝廷内所处的地位没有直接关联。例如，"臣"族[14]未必地位高于"连"族[15]。

600年，遣隋使回国。不久后，603年（推古十一年），倭国制定冠位制，改变了过去以部氏为政治单位选拔官员的制度，开始根据个人的能力和功劳选用和提拔官员，迈出了实质性改革的第一步。同时，也让外交使节戴上冠，确定了使节在朝廷内的排位。所以，在冠位十二阶制定后的607年（推古十五年），遣隋使小野妹子正是戴着“大礼”的官帽出使的。大礼在冠位十二阶中，位于大德、小德、大仁、小仁之后，居第五位。《隋书》里面也详细介绍了冠位十二阶制。

在冠位十二阶制制定后的次年，604 年（推古十二年），倭国还制定了十七条宪法。十七条宪法规定了君、臣、民的社会秩序，确定了依靠佛教和儒教建立国家制度的中心思想。倭王的权威不是依赖神话，而是依靠中国的政治思想来确立的，这与 600 年隋高祖听了倭国遣隋使的介绍后指责倭国“太无义理”一事有千丝万缕的联系。

推古朝的制度改革便是始于 600 年遣隋使带来的文化冲击。

日出之国的天子

607 年（推古十五年），小野妹子带着国书出使中国隋朝。《隋书·倭国传》这样记载道：

> 其国书曰“日出处天子致书日没处天子无恙”云云。帝（隋炀帝）览之不悦，谓鸿胪卿曰：“蛮夷书有无礼者，勿复以闻。”

这份国书之所以激怒隋炀帝，可以认为是因为倭王也和隋炀帝一样自称“天子”。《日本书纪》中没有收录这份激怒隋炀帝的国书，而是在小野妹子再次出使隋朝的608年（推古十六年）的条目中收录了一份写有“东天皇敬白西皇帝”的国书。这里避讳了“皇帝”这个词语，而是使用了“天皇”一词，但也有其他说法认为原文使用的应该是“大王”或“天王”等词（参照135页的“补记”）。

以前的倭五王希望得到中国南朝宋皇帝册封的“倭王（倭国王）”称号，承担起扩大南朝宋皇帝的天下的责任。但是，推古朝时期的倭王却和隋朝皇帝一样自称天子，从而激怒了隋朝皇帝。虽说后来在国书中改称为天皇（或是大王、天王等），但始终没有意愿接受册封。倭王虽然向隋朝进奉朝贡，但却拒绝成为隋朝皇帝的臣子。

为什么隋朝能够容忍倭国不接受册封（即成为臣子）呢？也许是这时期的隋朝正与高句丽处于战争状态，认识到位于敌对势力高句丽后方的倭国的重要性吧。与之前三国时期的魏国和倭国的关系一样，这时期的隋朝和倭国的关系也深受当时国际形势和地理环境的影响。

氏名和姓的萌芽

推古朝派遣遣隋使成为倭国产生氏名和姓（中国式的姓）的

契机。前面提到的稻荷山铁剑,上面刻有“ワカタケル”(倭王武)的名字,但是却并没有记载此剑的所有者大臣“ヲワケ”(owake)的氏族名。中国的王朝都认为,倭五王时期的大王一族皆姓“倭”,而豪族尚未拥有自己固定的姓。当然,如前所述,这个时代的倭国也出现了“曹达”“张安”这样中国式的姓,但他们都是渡来人。另外,倭国氏名的萌芽有些也出自朝廷中一些职务的名称(例如:船史、津史)。但是,从6世纪后半期开始,这些职务的称呼一律不让子孙继承了。

607年,遣隋使小野妹子在中国被称为“苏因高”。据推测,“苏因高”这个名字源于用汉语拼读的“小(野)妹子”(seuimoko)。妹子的姓“小野”来自其居住地(据《新撰姓氏录》记载,“小野朝臣”指的是“大德小野臣妹子,居于近江国滋贺郡小野村,由此以小野为氏名”)。妹子的“小野”氏名并非来自其祖先,所以在出使中国被问及姓氏时,便以居住地名相告。可以看出,倭国的冠位制和“姓”的制度都极有可能源自与中国的交流。

但是,脱离了册封体制后的大王,在“姓”的制度方面也有了进一步的完善。与以前的倭五王不同,推古朝的大王没有接受来自中国皇帝的册封。而且,之后朝廷一直都维持着只朝贡不接受册封的立场,确立了日本列岛古代国家的发展方向。在律令国家的形成过程中,中国的姓氏制度逐步向庶民扩展,但是如果倭王接受了中国皇帝的册封,大王(天皇)自身不拥有姓、只给予臣民姓氏的国家制度就不可能确立。这是至今为止天皇没有姓的原因。

第五章　政变和“革命”

战争和内乱拉开了世纪之幕

589 年，隋朝统一了中国，并迅速成为东亚世界的大帝国，东亚出现紧张局势。隋朝和高句丽之间不断发生对立和纷争。598 年，隋文帝率领三十万大军进攻高句丽，但是在高句丽的顽强抵抗下，两国陷入了拉锯战。文帝之后的隋炀帝于 612 年再次率领百万大军进攻高句丽，接连两年不断增派军队攻打高句丽。但是，由于节节败退，加上不断在国内征兵和远征，导致隋朝国力走向衰退，各地不断爆发起义，最终隋炀帝在江都（扬州）被杀害。618 年，隋朝灭亡，唐朝建立。

600 年，倭国向隋朝派出了第一批遣隋使。从当时倭国的外交表现来看，尽管被视为“非礼”（因为外交文书措辞激怒了隋炀帝），但是倭国向隋朝进贡了，虽然没有受到册封（没有成为臣子），可是第二年隋朝派出了使者回访倭国，所以还是给予倭国特殊的待遇。这都是因为倭国特殊的地理位置。倭国充分利用了位于高句丽后方的有利条件。608年，小野妹子再次出使隋朝，众多留学生和僧侣跟随，远渡重洋来到隋朝努力学习新知识。唐朝继隋朝之后重建帝国，高句丽、百济和新罗开始接受唐朝的册封，东亚国际关系暂时平稳。623年（推古三十一年），经由新罗归日的留学僧惠日等人，向朝廷建议召回派往隋朝的留学生，开始与唐朝建立交流。630年（舒明二年），倭国派出第一批遣唐使。同样，倭国没有受到册封，但是开始了与唐朝的交流。

朝鲜诸国的动荡局势

这时期的东亚国际秩序虽然从整体来看趋于平稳，但是隋朝和高句丽之间的战争对东亚其他国家带来了深刻的影响。从640年开始，朝鲜半岛进入了激烈动荡的时期。641年，百济义慈王即位后，统治阶层内部的对立矛盾加深。为了转嫁矛盾，通过政变掌握权力的义慈王于642年派兵侵入新罗境内。新罗派出王族成员金春秋前往高句丽求援，高句丽提出割让领土的条件，但是金春秋没有同意，结果被囚禁在高句丽，最后好不容易才被救出。

同年，高句丽宰相泉盖苏文起兵叛变，杀害了当时的国王和大臣共百余人。泉盖苏文在察觉贵族们准备和国王策划谋害自己之后，设下鸿门宴邀请贵族们，在将他们全部杀害后，又率兵闯入王宫杀害了国王，将国王的尸体碎尸万段，然后扔进沟里。泉盖苏文掌握权力后，扶植傀儡国王，与百济结盟攻打新罗。

朝鲜各国的国王都接受了唐朝皇帝的册封，所以当朝鲜各国之间出现战乱纠纷时，唐朝皇帝就会出来进行调停，而且唐朝皇帝也不能容忍自己册封的国王被臣子谋害。于是，唐太宗为了维护大唐帝国的威望，接受重臣的建言，出兵征讨高句丽。

645 年二月，唐太宗起驾至洛阳。四月一日，将军李勣率兵渡过辽河，进入高句丽境内。五月十日，唐太宗也渡过辽河，并毁坏大桥切断退路，向士兵表明必须取胜、没有退路的决意。在唐军和高句丽激战的六月，东面的岛国——倭国也发生了政变，大臣苏我入鹿在飞鸟的板盖宫被暗杀。

面对国际局势的动荡不安，朝鲜各国加强了中央集权。百济的义慈王发动政变篡夺实权，高句丽宰相泉盖苏文杀害国王和大臣控制实权，都是加强中央集权的表现。647 年，新罗将军金庾信镇压了贵族比云的叛乱，当时的真德女王依靠王族金春秋和将军金庾信加强了中央集权。

也许是由于朝鲜半岛紧张局势的消息传入了日本，当时的倭国朝廷也开始摸索加强中央集权的道路。苏我入鹿通过继承父辈的大臣地位，不断扩大自己的权力且实现专权，这也是东亚各国共通的一种权力集中的方式。643 年（皇极二年），苏我入鹿偷袭了当时非常有希望继承皇位的皇子山背大兄，并灭了皇子一族。

这一行为也许让朝廷的大臣们想起了前一年高句丽宰相泉盖苏文发起的宫廷惨案。因为当时高句丽宫廷惨案的消息已经传入了倭国的朝廷内。像泉盖苏文拥立傀儡王掌握实权一样，苏我入鹿也想让拥有自己家族血统的古人大兄皇子即位，从而掌握专权。

但是，远离大陆的倭国朝廷，不同于正和唐军交战的高句丽，他们没有为了生存不得不拥有独裁权力的危机感。中大兄皇子选择了在女王的统治下由王族中的男子来掌握政权的方式，这种方式比较接近新罗的模式，也更容易让朝廷中的豪族们接纳。

宫廷政变

645 年六月，唐朝和高句丽战事正酣。倭国的中大兄皇子和中臣镰足谎称高句丽、百济和新罗三国使者前来朝贡，将大臣苏我入鹿召至飞鸟的板盖宫，同苏我一族中与入鹿不和的石川麻吕合谋，在朗读完三国的上表文后将苏我入鹿斩杀。《日本书纪》记录了入鹿被暗杀的场景：

> 板盖宫的正殿里，皇极女皇坐在上位，古人大兄皇子在侧面入座。按照计划，石川麻吕朗读上表文，但是快要读完了，事先安排好的刺客却没有进来。石川麻吕顿时慌神，头冒汗，

声音发颤，拿着上表文的手也开始发抖。这时，入鹿小声地责怪道：“为什么发抖？”

麻吕答道：“因为靠近女皇，所以很紧张。”

中大兄皇子看到刺客们因害怕入鹿的权势而畏缩不敢动手，便大喝一声“杀”，在刺客之前，用刀砍向入鹿的头和肩。被砍伤了左脚的入鹿惊慌失措，逃到女皇一边，磕头向女皇诉说：“天子，我何罪之有？为什么杀我？”

女皇也十分惊讶，质问中大兄皇子：“你在做什么！为什么这么做？”

中大兄皇子伏地答道：“入鹿灭了皇族（山背大兄），意图篡夺太阳之位（皇位），为什么天神之子随意由入鹿来更换？”

女皇听罢，起身离座进入正殿里面。之后，入鹿被杀。这天下大雨，入鹿的尸体被拖出至积满了水的庭院，用席子盖着。

当然，这是一个胜利者的故事，其中有多少是史实尚不清楚，但是同样的故事也出现在《家传》上本（镰足的传记）中。这就是流传至今的“乙巳之变”的故事。此后，这个故事成为维护皇位继承血统的基本原则。后面的章节将再次对这一点作出说明。

让位的开端

苏我入鹿被暗杀后的次日，入鹿的父亲苏我虾夷也自杀了，苏我一族瞬间瓦解。接着,皇极女皇宣布退位,其弟孝德天皇即位。这是史料记载中最早一次天皇在还活着的时候让位的情况。

以前，即使朝廷中已经内定了即位者或太子，在先帝死后也不能马上即位，而必须由朝廷中的豪族们拥戴即位，然后群臣献上象征大王地位的镜和剑等神器。新即位的大王开始任命新的大臣和大连们。即使是先帝时代的大臣和大连们，也必须重新任命。每一代大王都需要建立新的组织机构。

但是,《日本书纪》中记载了皇极天皇让位于孝德天皇的事件，表述如下：

> 天丰财重日足姬天皇（皇极）授玺禅位。

这篇文章是以中国的《魏志·文帝纪》中的记录为模本的，它将象征大王地位的神器改为中国王朝授予的玺绶（印章和蛇钮），但是皇极天皇让位于孝德天皇是不变的事实。这次皇位的继承没有通过朝廷群臣的拥立，而是按照皇极天皇和中大兄皇子等皇室成员的意愿进行的。

“乙巳之变”的让位在日本王权史上具有划时代的意义，标志着王权摆脱了朝廷内豪族们的控制，实现了制度上的自立。此后，即使出现过由有权势的豪族操纵皇位继承的事件，但是在制度上（指的是包含不成文法的广义上的制度）来看，皇位的继承还是由皇室成员的意志来决定的。在前面提到的“乙巳之变”事件中，我们可以注意到，大王的血统是成为大王的必要条件，这已经成为一种观念。之后进行的让位则表明已经从制度上实现了大王地位的独立性。

改新后政权的建立

孝德天皇即位后，中大兄皇子成为皇太子掌握了实权，中臣镰足作为皇太子的心腹也成为了重臣。之前的大臣分为左大臣和右大臣，朝廷迈出了官僚化改革的第一步。接着设置国博士作为朝廷的智囊团，由从中国留学归来的僧旻和高向玄理担任。留学僧们宝贵的知识和经验有助于建立新的国家制度。

新朝廷实施的废除“部”制度等大化改新的各项改革并没有立即得到落实，但是表明了国家制度改革的基本方向，并迈出了实质性的第一步，凸显了中大兄皇子等人进行“改新”的巨大历史意义。

新罗金春秋的选择

645 年（大化元年）六月，中大兄皇子等人为谋杀苏我入鹿，制造了朝鲜半岛三国朝贡的场面。次月，朝鲜半岛三国正式来到日本。借此机会，日本大和朝廷向百济提出要征收“任那的调”。

6 世纪前半期，金官国（任那加罗）被纳入新罗的势力范围，日本大和朝廷向新罗提出征收“任那的调”。但是，在大化改新时期，百济从西面向南延伸势力，大和朝廷转而向百济提出征收“任那的调”。但是，向百济提出的要求并未得到回应。次年，即大化二年七月，大和朝廷派国博士高向玄理出使新罗，以派遣“人质”为交换条件，放弃征收“任那的调”。当然，这里的“人质”并非平常理解下的人质，从另一方面来说，相当于外交官的角色。至此，倭国的大和朝廷最终放弃征收“任那的调”。

新罗派出的“人质”是王族成员金春秋（后来的武烈王）。他是新罗王之外孙，其母为新罗王之女。金春秋辅助真德女王，活跃于新罗的内政和外交线上，五年前曾出使高句丽，被囚禁于当地后冒险脱逃。这次，金春秋再次请愿来到倭国充当“人质”。

金春秋的高风亮节博得了倭国朝廷的好感。在他来到倭国的第二年（648），金春秋返回新罗，与儿子一同出使唐朝。唐太宗盛宴款待金春秋。在唐朝逗留一年后，金春秋返回新罗。回国后的金春秋将新罗服饰改成唐服，并开始采用唐朝的年号。采用唐朝年号以及穿唐服表明新罗已经成为唐朝的属国。

出使高句丽成为阶下囚，单身奔赴倭国充当“人质”，接着再出使唐朝，金春秋最终选择了成为唐朝的属国。金春秋的这次选择影响了东亚诸国后来的命运。

百济的灭亡

655 年，高句丽、百济联合侵入新罗国北部，新罗向唐朝请求救援。唐朝顺应新罗的要求出兵高句丽。但是，遭到了高句丽的顽强抵抗，双方进入相持阶段。659 年，新罗再次向唐朝请求征讨百济，这成为百济借助高句丽的威望入侵新罗领地的理由。以此为契机，唐朝转而攻打百济，首先消灭在后方支援高句丽的百济，然后再攻打高句丽。660 年三月，唐高宗以十三万水陆大军攻打百济。唐军主力在锦江（旧称，现在的白马江）登陆进军百济的都城泗沘城（扶余）。在高宗的命令下，新罗的武烈王（金春秋）指派儿子和将军金庾信等人率五万大军向百济发起进攻，经过激烈的大战后，新罗军与唐军会合。在新罗军和唐军的包围之下，百济的义慈王向唐军投降，百济灭亡。

唐朝和新罗的联合军队通过闪电作战的方式迅速灭亡了百济。但是，仅仅是镇压了一部分，遗留在各地的百济将领们发誓将唐朝主力赶回高句丽，复兴百济。从此，百济开始走上了复国之路。他们向倭国派出使者，请求援军，并要求送回余丰璋。丰璋是义慈王在三十年前作为“人质”送往倭国的百济王子，他一直滞留在倭国。百济的残余王族希望拥立丰璋为王来复兴百济。倭国的朝廷向百济使者颁发诏书同意派出援军。

白村江之战和高句丽的灭亡

660 年末，齐明女皇[16]搬至难波宫，做好出兵的准备。次年正月，中大兄皇子和大海人皇子一起从难波出发，在从各地征兵的同时奔赴筑紫。八月，终于整编好了救援军，护送余丰璋回百济。662 年，丰璋被拥立为百济国王，仰慕国王的百济复兴大军士气大增，在百济各地与唐军和新罗军展开了激战。但是，次年，663 年，百济复兴大军内部出现纷争，战争形势又发生了转折。唐军和新罗军沿着锦江南下，逼迫百济的复兴大军退至锦江河口附近的周留城。这时，传来急报，倭国的水军已经进入锦江口（白村江）。

八月，唐军和新罗军包围周留城，唐朝水军的一百七十艘军船在白村江等候倭军。二十七日，倭国的水军与唐朝的水军展开了激战，次日进入决战，倭国水军瞬间惨败。中国的史书上记载了这场战事：“四战皆捷，焚其舟四百艘，烟炎灼天，海水皆赤。”战后，丰璋逃亡至高句丽。次月，周留城陷落。残余倭军逃至朝鲜半岛南部，与亡命的百济军士一起踏上了归途。

中大兄皇子等人在筑紫之津（那之津）迎接归国将士。他们听到了关于一个国家是如何灭亡的活生生的例子。之后，虽然不知中大兄皇子等人是何时返回飞鸟的，但在次年（甲子年，664）二月，其弟大海人皇子宣布并着手进行国家制度的改革，同时加强国家防御设施的建设，在对马、壹岐、筑紫地区设置“防人”（军队）和“烽火台”；为了保卫大宰府，还利用百济的建筑技术修筑了“水城”“大野城”和“椽城（基肆城）”等朝鲜式样的山城；还在对马修筑了金田城，在关门海峡和濑户内海之间的要塞修筑了屋鸠城等，以及在河内和大和交界的生驹山修筑了高安城。

图7　水城遗址　原为全长 1.2 公里，高达 10 米以上的大土堆。摄于太宰府侧面

667年（天智六年），中大兄皇子将都城迁至近江的大津宫，并于次年正月正式即位（天智天皇）。同年，唐朝和新罗的联合军队向高句丽的都城发起进攻，历时一个月，高句丽都城陷落，高句丽最终灭亡。

倭国和百济的联合军队在白村江一战中的惨败对此后日本的发展产生了重大影响。倭国最终失去了对朝鲜半岛的影响，而且迎来了古代最后一次，恐怕也是史上最大一次接受外来移民的高潮。据推测有四五千名百济王族和贵族蜂拥逃亡至倭国。另外，高句丽灭亡后，也有不少亡命贵族逃到倭国。在这些来自百济和高句丽的逃亡者中，大多数平民扎根于东国（日本东部地区）。之后，虽然也不断有人因为各种原因移民到日本列岛，但这一次移民可以说是日本古代时期的最后一次高潮。

国际形势的变化和倭国的朝廷

天智天皇即位后，进行了多项改革，例如在全国范围内建立户籍制度（庚午年籍），等等。671年（天智十年）九月，天智天皇在任命儿子大友皇子为太政大臣后不久就卧病在床。次年十月，天智天皇将弟弟大海人皇子叫到病榻前托付临终之事，大海人皇子明白自身的危险，马上决定出家，去往吉野。

同时，朝鲜半岛上，新罗在与唐朝结盟消灭宿敌百济和高句丽、达成自己的目的之后，马上翻脸，将唐朝的军队赶出了新罗。高句丽的残余军队发起叛乱对抗唐军，新罗也派遣大军前去支援叛乱军。然后，新罗还想从唐朝手中夺取原百济的领地，派军队入侵原百济境内，并于671年占领了百济的旧都城泗沘城。唐朝在朝鲜半岛上的支配体制面临重大危机。天智天皇临终时期正是东亚国际形势激烈动荡的时期。

大海人皇子去往吉野之后不久，在671年十一月初，唐朝使者郭务悰等六百人、陪同人员沙宅孙登等一千四百人，共计两千人乘坐四十七艘大船从原百济国出发驶向倭国。郭务悰曾经在664年（天智三年）和665年，以唐朝派往百济的镇守将军身份出使倭国，然而这回率领四十七艘大船前来倭国又是出于什么目的呢？关于这个问题，史料中没有留下任何记载。但是，前面讲到，当时朝鲜半岛的局势发生了巨变，而这次沙宅孙登以送回白村江战役中一千四百名倭军俘虏作为交换条件，请求倭国出兵支援驻留在朝鲜半岛的唐军。

然而，当时的天智天皇重病在身，大海人皇子出走吉野，近江朝廷根本无法向朝鲜半岛派兵。在内外忧患中，大友皇子将朝廷五位重臣叫至天智天皇的病榻前，宣告成人。同年十二月，天智天皇病情进一步恶化，三日逝去，结束了四十六岁的生涯。

次年，672年（壬申年）三月，近江朝廷才将天智天皇去世的消息告知停留在筑紫地区的郭务悰等人。近江朝廷在接到唐朝使者来访的消息后，过了四个多月终于做出了回应。接到天智天皇去世的消息后，郭务悰等人再次向近江朝廷递交了国书，但又过了将近两个月，直到五月，近江朝廷才派人给郭务悰等人送来了甲胄、弓箭、一千六百七十三匹绢、两千八百五十二匹布和六百六十六斤棉。向外国使节回赠物品的数量如此之多，应该是没能答应唐朝请求出兵的要求而做出的特殊之举吧。但是，也有可能近江朝廷是参照送回的俘虏数量给予一定的武器和军需物资补偿。五月底，郭务悰等人返回原百济境内。

壬申之乱

郭务悰等人返回百济后，同年五月，大海人皇子得到一名亲信的报告："近江朝廷为了修建天智天皇的陵墓，给修陵人员配备了武器。"六月，大海人皇子决定起兵，他让亲信先行返回朝廷，自己则来到东国招兵，然后灭了近江朝廷。这就是史上的"壬申之乱"。

大海人皇子在东国招兵获得了成功，而与此相对，近江朝廷动员吉备、筑紫的大宰军队却失败了。吉备的大宰统辖日本中部地区，由于他对近江朝廷派来动员的使者面露难色，以致被后者谋杀。而统辖西海道（今天的九州）的筑紫大宰栗隈王面对前来动员的使者则断然拒绝道："筑紫地区一直以来防守边境。构筑山城，守护海防，岂是为了防患内贼？”并且反问道：“如果现在我听从朝廷的命令而出兵，这边的防守就会落空。万一有紧急事件发生，就将面临国难。如果真的发生这种事情，杀我上百次也无济于事啊。”

吉备和筑紫的大宰都是大海人皇子的支持者，所以栗隈王的话应该只是拒绝出兵的借口而已。但是，刚好在一个月之前，唐朝的大船队就停靠在博多湾，所以，筑紫大宰不能因为内贼而派兵的说辞还是能让朝廷信服。

大海人皇子的士兵在进攻大津宫时，都在衣服上绑着红布，旗帜也是用的红色。传说中国的汉高祖刘邦在攻打楚国项羽、夺取天下之时，也是使用红色旗帜。也许大海人皇子是模仿汉高祖吧。刘邦是平民出身，而大海人皇子是近江朝廷大友皇子父亲（天智天皇）的弟弟，是同一父系的。而中国的易姓革命是一种将天命改换成其他父系集团的行为。在这点上，两者并不一样。换句话说，壬申之乱就是一场争夺皇位继承的战争。但是，对大海人皇子而言，消灭近江朝廷也是一种“革命”。

大海人皇子面对新罗派来的两位使者——贺腾极使（祝贺大海人——天武天皇即位的使者）和吊丧使（吊丧天智天皇的使者），只允许了贺腾极使入京。吊丧使回国后禀报道：“倭国现在重新平定天下了。”表明壬申之乱是一场“革命”。

天武、持统天皇时期和古代的官僚制

壬申之乱究竟是哪方取胜？当时的人们并不知晓。卷入旋涡的人们被迫面临着生死的抉择。正因为如此，军队并没有守城，在大海人皇子攻下大津宫、取得胜利后便尊奉他为神。

此日终平乱　天皇信有神　集多水鸟处　水沼作京城

——《万叶集》卷 19－4261[17]

天武天皇是通过举兵叛乱掌握实权的，所以更能切身体会军事的强大和重要。且又经常耳闻百济和高句丽灭亡时的情形，壬申之乱后，虽然解除了警备状态，但是天武天皇开始加强军队建设，并着手建立官僚制度。

681 年（天武十年），天武天皇下令编纂律令。他去世后，由其皇后继任皇位（持统天皇）并继续编纂律令。689 年（持统三年），飞鸟净御原令完成。这是迄今为止日本最早的一部成体系的法典——“令”。此后的大宝律令也继承了飞鸟净御原令的框架。净御原令为古代官僚制度的确立奠定了基础。当然，“律”这个法典直到大宝律令出现才算正式完成。

倭国不同于百济和新罗，它能编纂自己的律令法典体系与没有受到中国王朝的册封有密切关系。中国的律令法典成为支配周边国家的帝国法令，所以接受了中国册封的国家就不能编纂自己的律令法典了。

走向文字的世界

倭国位于中国汉字文化圈的最东端，所以对倭人而言，汉字就是文字。“汉委奴国王”金印等传入倭国的印章、刀和镜上皆刻有汉字，但是无法考究日本列岛上的人是从什么时候开始书写文字的。也许是外来移民（渡来人）首先用汉字（中国字）书写外交文书，然后又向其他领域扩展开来。5 世纪前后的稻荷山古坟中的铁剑铭文、江田船山古坟中的大刀铭文等都是用汉字书写的。但是，到了 7 世纪，出现了和式文章，这种文章打散了汉文的文章结构，将汉字置入大和语言（日本语）的语序之中。例如，法隆寺金堂药师佛像的光背铭文“大御身劳赐时”、群马县高崎市名町的山之上碑文“为母记定文也”等。

然而，在这些实例中，助词和助动词几乎都没有用文字标注出来。像后世那样，由汉字和假名混写而成的文章的雏形又是如何诞生的呢?

675 年（天武四年），畿内和周边地区开始向朝廷献上“能歌的男女”，这些从歌人处采集来的和歌与《万叶集·人麻吕歌集》中的“古体歌”（略体歌）有密切联系。所谓古体歌是一种缺少助词和助动词的表记写法，如下例：

朝影　吾身成　玉垣入　风所见　去子故

朝影に　あが身はなりぬ　玉かきる　ほのかに見えて去にし子ゆゑに

——《万叶集》卷 11–2394

但是，因为古体歌的表记法几乎没有助词和助动词，所以不能用像“ぬ”“つ”“し”这些表示过去和结束的助动词准确地表示出“时态”。万叶学研究者稻冈耕二认为：“在摸索新的表记法时，人们更加注意强调时间意识。”例如，柿本人麻吕陪同轻皇子去安骑野狩猎时曾作歌一首：

当年皇子日双斯，游猎来兹并马驰，季节正是这些时。[20]

日双し　皇子命の　馬副めて　御獦立たしし　時は来向かふ

——《万叶集》卷 1–49

这首歌的后两句若用古体歌的形式表记则为“御獦立　时来向”，训读为“ミカリタタサム　トキハキムカフ”（mikaritatasamu tokihakimukahu），很自然地表现出人们屏息等待狩猎开始时的场景。但是，人麻吕在这首歌中想表现的是，“游猎来兹”这样一个过去的时间正要从未来“来向”。对于人麻吕来说，以前他

和草壁皇子一起狩猎，现在则陪同草壁皇子的儿子——轻皇子狩猎，过去的“时间”即将到来，这不是水平流逝的“时间”，而是特定的“时间”。要想表现出这种“时间”，就必须使用像“御獦立师斯 时者来向”这样明确的文字表达方式。人麻吕创造了使用文字代替助词和助动词的新型表达方式，他的“新体歌”（非略体歌）的书写方式如下：

日双斯 皇子命乃 马副而 御獦立师斯 时者来向

像这样，使用文字代替助词和助动词的新型表达方式应该是受到了朝鲜语中汉字表达方式的影响。但是，人麻吕创造的“大和歌”的表达方式也出现在散文中，成为后来日本语中的汉字和假名混写方式——即我们现在也使用的表达方式——的基础。

第六章　“日本”国号的确立

天照大神的登场

古代日本列岛以水稻耕作为主，所以他们都信奉带来丰收的太阳神。尤其是在面向太阳升起的伊势地区，自古便盛行太阳神信仰。伊势地区也是大和王权向东部扩展的据点，所以大和王权的首领也信奉伊势的太阳神，并把它当作王权的一个守护神，即天照大神。

男神和女神——高皇产灵神和神产灵神都是产灵神（繁衍生命的神灵），它们作为大王一族的守护神，与天照大神一样受到大和王权的重视。在《古事记》和《日本书纪》的神话故事中，伊奘诺尊在洗刷污秽时生出了天照大神、月读、须佐之男三大神，之后天照大神受命治理高天原，而在天孙降临和神武东征的神话故事中，天孙和神武受命于高皇产灵神（亦称高木神）和天照大神两位神，所以在最早的神话中，高皇产灵神是高天原的主宰神。

据推测，高天原主宰神的演变过程是高皇产灵神→高皇产灵神和天照大神两位神→天照大神，而这个演变的关键时期就在7世纪后半期的天武天皇和持统天皇在位期间。

天照大神作为大王的守护神戏剧性地登场是在壬申之乱之后。672年六月二十四日下午，大海人皇子匆忙离开吉野，日夜兼程奔赴东部地区，在二十六日黎明时刻，终于抵达伊势地区的迹太川（今天的朝明川）河畔。在那里，他向伊势方向遥拜天照大神。在天照大神的庇护下，大海人皇子消灭近江朝廷，一举获胜。后来，柿本人麻吕作歌一首："不图渡会郡，斋宫来神风"[18]（《万叶集》卷2-199），认为是伊势神宫吹来的神风蛊惑了近江朝廷的军士。于壬申之乱后即位的天武天皇重建了荒废的斋宫，并将女儿大伯皇女派往伊势。

日本列岛很多地方都信奉太阳神，高皇产灵神既是日神也是月神，但是后来天照大神被奉为太阳神。而且高皇产灵神曾经也是皇祖神，但《古事记》和《日本书纪》明确承认天照大神为日本天皇的始祖，是皇祖神。虽然在《古事记》和《日本书纪》的天孙降临和神武东征的神话中还残留有高皇产灵神的足迹，但是到最后，天照大神成为了太阳神和皇祖神。也许是受到中国"天无二日、地无二王"思想的影响吧。于是，大王（天皇）创造了新的神话体系，不久独占了天照大神的祭祀权。

在天武天皇和持统天皇时期，人们对"日"的意识不断加强。祭祀天照大神的伊势神宫的地位提高了，天皇作为"天之子孙"

的观念逐渐深入人心。而且，宫廷歌人柿本人麻吕曾作歌一首赞美天皇，开创了歌颂天皇为“天之子孙”的传统。他在歌中写道：“神君日储光八隅，东出銮舆辞帝间”[19]（《万叶集》卷1-45等）。即使是对早逝的太子草壁皇子（持统天皇之子），也尊称其为“日双斯皇子”（与日同辉的皇子）。

还有，后文将会讲到，“日本”这个国号的形成也是基于天武和持统天皇时期人们对“日”的意识的加强。所以，假如壬申之乱的胜败双方颠倒过来的话，也许“日本”这个国号就不会出现了。当时的近江朝廷在天智天皇去世后，为他取谥号“天命开别”（打开天命的别，“别”是古时的尊称），这里表现了对中国儒教中“天”的思想观念（上天向有德之人下达天命，令其为天子）的尊崇。因此，如果近江朝廷获胜的话，极有可能不会出现像天武和持统天皇时期那种对“日”的意识的加强。

“日本”国号是何时确立的？

我们在前面序章中讲到过，701年（大宝元年），遣唐使在中国朝廷使用了“日本”这个国号。可以推定，“日本”国号的正式确立是在674年（天武三年）以后。其根据就是《日本书纪》中674年三月的那条记录。书中记录了对马国向倭国朝廷献上当地产银一事："倭国地区产银，是为首次。"很明显，这里的"倭国"指的是包含对马在内的"大八州"地区。《日本书纪》是在720年（养老四年）完成的，从书名也可以看出，此书非常重视"日本"这个国号，而书中在这里出现"倭国"，恐怕是受到之前的史料的影响。总之，很可能在674年，"倭"还未正式改称为"日本"。

但是，701年的大宝律令使用了"日本"这个国号（《令集解》公式令1条古记），而且各种史料中都能见到关于大宝年间遣唐使使用"日本"这个国号的记录。因此，从目前已有的史料记载可以推断，"日本"国号的正式使用应该是在674年至701年之间。从制度上来看，可能在飞鸟净御原令（689年实施）中就已经确定了"日本"这个国号。[另外，朝鲜的《三国史记》卷六记载，670年（文武王十年、倭国天智天皇九年）倭国改称日本。这一记载应该是对《新唐书·日本传》中有关记录的误写]。

日出和"日本"

且说，前面讲到了天照大神作为太阳神的登场，但还是有必要将对太阳神的信仰和对日出的信仰区别开来。例如，非洲中部的埃尔贡族等族群就把日出瞬间的太阳奉为神来崇拜，而正午的太阳却不是神。这是个有名的传说。日本列岛自古也有崇拜日出的习俗。在《古事记》和《日本书纪》的神话中，天照大神的孙子琼琼杵尊降临的地方是“日向”，此地面向东方的大海，日出之处。琼琼杵尊的子孙(神武天皇)欲治理天下也是向“东”前进，然后在大和即位。伊势神宫也是在面向太阳升起的东边的海岸上修建的。这都是因为认识到了日出。天武和持统天皇时期的人们必定对于太阳升起的东方有着特殊感情。也正因为如此，才会将国号定为“日本”。

“日本”即所谓日之本原应是日出之处的意思，但太阳并不是从日本列岛中升起的。那么,为什么又要取国号为“日本”呢?从倭国的位置来看，中国是“日落之处”，是“太阳进入”的国家[倭人将中国长江(扬子江)下游的“吴”读成“暮(kure)”，可能也是因为认为它是“日落之地”]。因此,733年(天平五年)，在赠给即将出发的遣唐使的歌中出现了这样的词句:“从住吉的御津　乘船渡海　去往日落之国　远离我们的使者们。”将中国视为“日落之处”是很合乎规律的事情,但是，从倭国都城大和来看,“日出之处”应该是在日本列岛东边海的彼岸。那么，为什么倭国会自称为“日出之处”和“日本”呢?

大宝年间的遣唐使成员僧侣弁正在唐朝逗留期间曾作歌一首:

日边瞻日本　云里望云端　远游劳远国　长恨苦长安

这里出现的“日边”,也就是“日出之处”,应该指的是“东”

的方位。在日本，很早以前就可以读到佛典《大智度论》，其中出现过一篇通过太阳辨认方位的文章“日出之处是东方，日落之处是西方”。在印度和中国的佛教世界观中，倭国是处于印度和中国的东方的。所以，他们都是参照约一百年前，遣隋使携带的国书“日出处天子，致书日没处天子”(《隋书·倭国传》)，以及小野妹子再次出使隋朝时携带的国书“东天皇敬白西皇帝”(《日本书纪》)，将“日出之处”和“东方”对应起来。

也就是说，倭国利用佛典等知识，通过与“日落之处”的中国相呼应，认为自己是“日出之处”的东方，然后确定了自己的国号。当然，这里离不开当时社会对“日”的意识的加强。倭国朝廷虽小，但一直努力想成为东方海上的帝国，他们以居于中国的“东面”为前提,认为自己是由“太阳的子孙”治理的日出之国，所以积极地把“日”字放入国号之中。

但有趣的是，平安时代的贵族们却缺乏“日本”国号方面的知识。在大宝年间派出遣唐使之后大约过了二十年,《日本书纪》作为“日本”的正史编纂成书，这部书是在强烈意识到中国的基础之上形成的。《日本书纪》成书后,朝廷再次举办“讲书”活动（博士的讲义）。此次活动留下了一些问答记录，其中反复讨论过“日本”的国号。例如，平安时代的讲书活动中出现了下面这些内容：

（问）倭国位于大唐的东部，（从唐朝这边来看）是日出之方，但是从现在这个地方来看，太阳并不是从国内出来的。那么，为什么要自称为“日出之国”呢？

（答）从唐朝那边来看位于日出的方向，所以称为日本国。

也就是说，日本这个国号表示唐朝看来的“日出之处”。于是下面的问题又来了：

（问）日本是唐朝给定的地名，还是我们国家自己取的？

（答）来自唐朝的。

根据日本的《续日本纪》中对大宝元年遣唐使的记录，以及中国《旧唐书·日本传》中的记载都可以确定，这位博士的回答违背了事实。“日本”国号是日本国使者的自称。所以说，“日本”这个国号究竟是倭国自称的，还是由唐朝取名的？平安时代的人们竟然连如此最基本的知识都不具备。

让我们再把话题转回大宝年间前后。倭国在确定自己的国号的时候，是以与中国的关系为轴心的，也就是说“东方”的日本，是对应“西方”的中国的。当时“日本”朝廷作为一个独立的国家，没有受到唐朝的册封。也就是说，不求或者说拒绝被任命为“日本国王”的这样一个朝廷，其实也是以与中国的关系为轴心来关注世界的。

“天皇”称号的确立

“日本”国号确立的同时，“天皇”的称号也确立了，这是近几年学界中流行的说法。但是，“天皇”的称号是从什么时候正式启用的呢？这个问题并不明确。以前有一种说法，认为“天皇”的称号是在推古天皇时期确立的，因为在法隆寺金堂的药师如来像的光背铭文中出现了“池边大宫治天下天皇（用明）”的字样。但是，也有人认为，这个光背铭文有可能是后代的人刻上的，所以“天皇”称号确立于推古天皇时期的说法受到质疑。另外，刻有“天皇”字号的野中寺弥勒菩萨像铭文（天智五年）以及天智至天武时期的金石文都有可能是后代的人刻上去的。人们围绕这个问题争论不休。

近年，飞鸟净御原宫原址出土的木简上刻有“大津皇（子）”的字样，由此诞生了一种说法，认为“天皇”“皇后”“皇子”这些称呼当时都存在。据推测，这个木简是天武十年（681）前后刻写的，它成为天武天皇时期已出现“天皇”称号的有力证据。但是，有人提出，“皇”字的使用，是否就可以等同于“天皇”呢？这又是另外一个问题。

还有一种说法认为，在中国唐朝的上元元年（674，日本天武三年），高宗（武则天的丈夫）将“皇帝”称号改为“天皇”，所以有可能是唐朝皇帝改称“天皇”一事成为日本确定“天皇”称号的契机（但唐朝使用“天皇”称号的时间很短）。目前，普遍的说法还是认为“天皇”称号确立于天武时期末年，从制度上来看是在飞鸟净御原令（689）中确定的。按照这种说法，“天皇”称号和“日本”国号是同一时期确立的。

关于这个问题，我尚未能提出自己的见解。但是，我认为，“天皇”称号的确立受到唐朝从“皇帝”改称“天皇”的影响——这种说法存在不少疑点。我们将奈良时代前半期编纂的《古事记》和《日本书纪》进行比较可以发现，《古事记》和《日本书纪》都使用了“天皇”字样，《古事记》只使用了一次“日本”，而《日本书纪》则相对用得较多，两本书的国际意识相差很大（而且，《古事记》中也没有“任那”这个地名）。《古事记》就如它的书名，是“旧的东西”，属于皇室内部的书籍；而《日本书纪》则冠以“日本”的国号，应该是针对中国的书籍。

《古事记》在表示国家时，一直使用的是“倭”，而不是“日本”，说明这本书的国际意识淡薄。如果是因为中国使用了“天皇”的称号，日本才确立了本国的“天皇”称号，那么，既然《古事记》使用了“天皇”称号，又为什么不使用针对中国新制定的国号“日本”呢？这个问题让人无法理解。从造成这种不同的动机来看，“天皇”称号有可能早于“日本”国号，在7世纪前半期就已经确立了，对这个问题有必要进行充分的考究。

那么，为什么要使用“天皇”这个称号呢？这个问题也非常难回答。津田左右吉曾经考察了“天皇”称号与道教的关系，指出“天皇”这个词语在中国是表示宇宙（或是东方）的最高神的意思。我们知道，大陆的民间道教和佛教、儒教一起传入了古代的日本列岛。但是，具体情况我们不得而知。“天皇”的称号在日本历史中是个重要的问题，也是一个巨大的谜［参照第137页（补记）］。

银和银钱

要想成为东海上的帝国，货币的铸造是一个重要问题。

中国在秦始皇统一六国时，开始使用“半两钱”，以后每个朝代都会发行货币。其中以唐朝建国后的621年（武德四年）发行的“开元通宝”最为有名，在亚洲各国都通用。中国古代帝国的强大经济实力和政治威望支撑着货币的“信用”。西域早在公元元年前后就铸造了银币，叫汉佉二体钱（Sino-Kharosthi Coin），又名“和阗马钱”（一面刻有汉字，另一面刻有和田文字的银币，以波斯地区为中心出土）。唐朝时期，在开元通宝的影响下，吐鲁番的高昌国等地也铸造货币。但是，同样是在唐朝时期，高句丽、百济、新罗、还有吐蕃和南方的南诏等大国都没有铸造货币。位于中国东北方和南方的周边国家基本上都是在10世纪之后才开始铸造货币的。只有日本是特例，很早就开始铸造货币了。

古代的日本列岛是不出产金和银的，倭国把朝鲜各国（尤其是新罗）称为“金银之国”。前面讲到，据记载，日本最早发现银矿是在 674 年（天武三年），对马国的守（长官）表示："第一次在本地区发现了银，立即进献。"朝廷随即给这位国司升职，并将献上的银用来供奉神灵和赐给朝廷的贵族。此后，日本列岛产出的银不断增加，自天武时期最早发现后，短短十年间，就开始铸造"银钱"和"铜币"了。这些"银钱"和"铜币"的模样并不清楚，可能也并没有真正投入使用，但是，在中国之外的东亚各国中，日本是最早铸造货币的。自 708 年（和铜元年）的"和铜开弥"开始，历经约 250 年，日本一共发行了 12 种货币 [参照第 137 页（补记）]。

被蒙骗的"大宝"年号

7 世纪后半期，在天武天皇在位期间，日本列岛发现了银矿，但是并没有发现金矿。藤之木古坟发掘出的镀金马具和装饰表明，金和银是彰显贵族威信不可或缺的贵重物品。在新罗等朝鲜国家的使者带来的贡品目录中，也经常出现金、银制的物品。因为他们了解，倭国的统治阶层十分喜欢金银。后来，日本列岛终于能够自己生产银，但是却没有发现金子。就在这个时候，对马向朝廷献上了稀有的贡品，其中出现了金子。

701 年三月二十一日，为了庆祝收到对马岛献上的金子，倭国建立元年（年号），这一年成为“大宝”元年。“大宝”的含义不言而喻，指的是金子。同时，从大宝元年开始，倭国正式确立了年号制度，一直延续到现在的“平成”。在那之前，虽然也出现过“大化”“白雉”“朱鸟”等年号，但都是断断续续的。

在“大宝”年号确立的同时，“新令”（大宝令）也得以颁布，其中规定采用新的官名、级别和服装。八月，大宝律完成，次年，大宝律令正式实施。正如“律令之兴，始于大宝”所言，明治维新前的律令基本上都来自大宝律令。

大纳言大伴御行派遣大倭国忍海郡移民的后代三田首五濑去对马冶炼黄金就是在此时获得成功的，对马进献的金子就来源于此。朝廷大喜，授予五濑更高的官位，并给了他许多奖赏。对马岛的国司和郡司都提升一级官位，其中产金郡的郡司则提升两级官位。而且，对于冶金的家部——宫道一族，不仅授予官位和褒奖，还免其家族一生的赋税和劳役（所有的税和役）。还有，产金郡的百姓也可全免两年的赋税和劳役。从这里可以想象出当时朝廷的喜悦程度。

然而，当时对马出产的金子只是一个假象。《续日本纪》中记载道：“后来，五濑的欺骗行为暴露。右大臣（大伴御行）得知自己被五濑骗了。”五濑将从朝鲜半岛获得的金子伪装成了对马出产的金子。

日本列岛产金的梦想破灭了。日本的年号制度也是因为这项欺骗行为而出现的。

大宝律令——统治方式的提前获得

大宝律令由六卷“律”和十一卷“令”组成，是一部完整的法典。它包含了一些先进的统治方式，脱离了当时的日本社会。例如，当人民逃亡时，国家会启动官僚机构、中央和地方相连接的交通要道以及行政系统等，去追捕和处罚逃亡者，要求献上替身等。这一系列处置方式在律令的各章节中都得到了详细的规定，构成了完整的体系。它们完全是模仿唐朝的律令做成的，因为从当时的日本社会来看，还无法自主产生这样的律令。日本的统治阶层很幸运地从中国取得了律令的模本来编纂自己的律令法典，这些律令模本都是中国统治阶层从长期阶级斗争的经验中得到的统治方式的结晶。

像这样，统治阶层提前获得了更先进的统治方式，就催生了更成熟的国家，但是这样的国家并不是日本社会自身发展的结果。当然，在律令国家产生的背景中，不能遗漏大和王权的氏族统治难以维持这个内在原因，但是，隋唐出兵朝鲜所引发的国际秩序的混乱才是日本律令国家产生的直接原因，这是一个不争的事实。日本律令国家的形成是应对动乱的国际秩序而进行权力集中和军事强化的结果。它与周边各民族集权制国家的形成基本上都属于同一类型，都是在隋唐帝国成立之时开始出现，以应对隋唐帝国的威胁而形成的，但具体情况因各民族自身的历史和地理条件而不同。

大和王权的国家制度与高句丽、百济、新罗等朝鲜各国的国家制度有着密切关联，律令国家正是以大和王权的国家制度为基础形成的。因此，要清楚地解析日本律令国家的性质，应该与高句丽、百济、新罗的国家制度进行比较。但是，如果仅仅专注于比较的话，又容易忽视朝鲜各国和日本共同的一些历史条件。因此，让我们先把目光转向遥远的西藏地区去看看。

日本和吐蕃

日本是与中国隔海相望的岛国，吐蕃是与隋唐帝国隔山相对的山岳地区。吐蕃与日本有着相似点。吐蕃地区有很多小氏族部落，同样，日本在古坟时代也是小国林立。6世纪至7世纪前半期，吐蕃统一了西藏地区，其实该地区当时并没有形成推进政治统一的内部条件，而吐蕃实现统一的关键因素还是吐谷浑和隋唐帝国之间的紧张关系。

倭国在受到隋唐的影响之前，主要吸取高句丽、百济、新罗等朝鲜各国的制度，而吐蕃在受到隋唐的影响之前，主要吸取了吐谷浑的制度。正如隋朝攻打高句丽成为推动倭国改革国家制度的契机，同样，隋朝对吐谷浑的进攻造成的紧张局势成为吐蕃改革的契机。吐蕃首先吸取吐谷浑的制度，诞生了振兴佛法的伟大

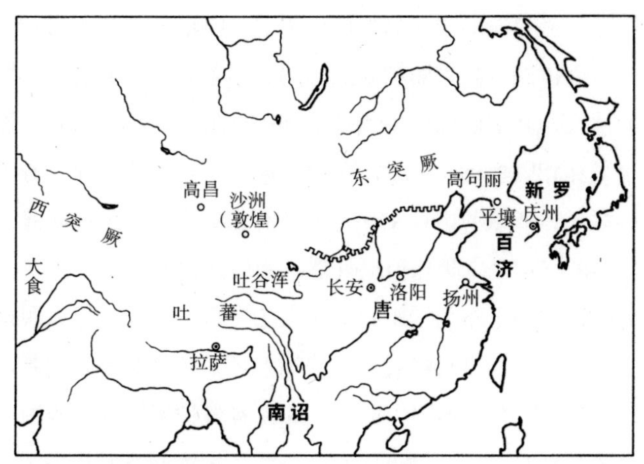

图8　7世纪时期的东亚

的王——松赞干布，制定和实施了十六条宪法（十六清净人法）和冠位十二阶。

倭国的冠位十二阶是受到高句丽的影响而制定的，吐蕃的冠位十二阶在学习隋唐制度之前恐怕也是在吐谷浑的影响下制定的。高句丽的冠位十二阶由“大大兄、大兄、小兄”三个一组，共四组构成，倭国的冠位十二阶则是在德、仁、礼、信、义、智前面分别加上大和小构成的，与高句丽还是有差异。倭国的冠位十二阶反而与吐蕃的十二阶（青绿石、金、宝石、银、铜、铁前面分别加上大和小）更相似。吐蕃则是受到吐谷浑的影响。传说吐谷浑的祖先是中国东北部辽东地区的前燕（五胡十六国中的一个）王——慕容廆的同父异母的兄弟。当时前燕就位于高句丽的西侧。前面讲到，高句丽和前燕之间关系紧张，经常会发生战争之类的情况，其中前燕的一族迁移到了遥远的西部。因此，倭国和吐蕃虽然相隔遥远，但是高句丽、前燕、吐谷浑之间有着千丝万缕的联系，所以两国在文化上还是有相似点的。虽说如此，倭国和吐蕃的冠位十二阶恐怕也只是一个巧合。

另外，松赞干布的“十六清净人法”可能是后世之人假借他的名义制订的，这点与经过后人修饰但还是圣德太子时期制定的“十七条宪法”有着不同。但是，即使有各种不同点，倭国和吐蕃都是先分别吸取了朝鲜各国和吐谷浑的制度而开始加强中央集权，然后在他们派出遣隋使和遣唐使之后又直接吸取了中国的制度和文化。从这点来看，这两个地区非常相似。

古代日本的国际环境

吐蕃和日本一样，都向中国派遣了留学生，一边吸收中国的统治方式和文化，一边制定法律，确立官位制、官司制、度量衡和税制，整顿赏罚、裁判制度。吐蕃还引入了唐朝的佛教。但是，与日本全盘接受汉字、中国佛教、中国律令相比，吐蕃还是有很大不同。

不管怎么说，首先，受到西方文字的影响，吐蕃在7世纪初左右就形成了自己固有的文字。而朝鲜各国和日本都是因为与中国的接触才开始使用文字（汉字）。另外，吐蕃虽然引入了中国的佛教，但却没有沉淀下来，不久就被印度佛教排挤掉了。其法律和制度也是在唐朝的影响下形成的，但内容含有浓厚的民族色彩，也没有编纂中国式的“律令”法典。

吐蕃的制度和文化虽然受到中国的影响，但还是保持了自己的特色，这是各种复杂因素综合影响的结果。因为除了中国的文明之外，吐蕃还很容易接触到西亚和印度的文明。与此相比，日本作为亚洲大陆东边海上的岛国，在历史和地理环境方面与吐蕃有很大差异。

日本列岛的东面是一片无边无际的大海，大海的彼岸完全是另一个世界。因此，对于古代的日本人来说，文明应该是从西方大陆传来的。

在日本列岛的基层文化中，既有来自东亚、东南亚的文化，也有西伯利亚等东北亚的文化，但在国家的形成时期还是受大陆文明影响最深。这里的大陆文明指的是西亚和印度的文明在传入中国后，被中国文明吸收后形成的文明。铁器和文字都是通过朝鲜半岛传入日本的，而带来这些东西的庞大移民氏族，如“秦”氏、“汉”氏等，他们的背后还是深深刻上了中国文明的烙印。

古代的朝鲜各国也是深受中国文明的影响。但是，高句丽在与突厥有了联系后，接触中国北侧的游牧骑马民族文化的机会增多了，与日本相比，高句丽在吸收中国文化时的自由空间就更大了。但是，朝鲜各国都与日本一样，是在吸收了汉字和中国的儒教、佛教，接受了中国的统治方式之后形成国家的。只是它们没有编纂“律令”法典，这点与日本不同。

律令国家的双重构造——律令制和氏族制

历经数世纪，朝鲜各国成为倭国在制度和文化方面效仿的模板。在这当中，新罗曾联合唐朝消灭了高句丽和百济，之后又把唐军赶出了朝鲜半岛。要成为与大唐帝国并驾齐驱的东海帝国来对抗新罗，日本应该怎么做才好呢？

面对这个课题，日本古代贵族若不模仿中国的律令编纂“律令法典”，形成中国式的律令制，而是去构想其他的途径，应该是件很困难的事情。

然而，中国在千年之前就曾孕育出巨大的秦汉帝国，与这样的社会相比，同时期的日本社会相差万里。中国社会在春秋至战国时期（公元前 8—前 3 世纪），以血缘为纽带的社会组织就开始走向解体。而当时的日本却还处于以神话和血缘为纽带的氏族社会时期。日本的律令制定者以统治中国社会的唐朝律令为蓝本，又是想构建一个什么样的国家呢？

首先，我们来看下“律”。唐朝的“律”可以与古罗马的法典相媲美，它是一部高度抽象、结构紧密的法典，日本缺乏改编其体系的能力。一般情况下，为了缓和社会的紧张程度，量刑时减缓一二等级是比较常见的做法；但是，如果涉及触犯天皇和宗教禁忌的行为，反而会出现比唐律更重的量刑。因为天皇——与很多未开化社会的王一样——受到各种禁忌的束缚。日本的律令国家制度也充分体现了大和王权的构造。

“令”的基础是官僚制，它也包含了大和王权时期氏族制的原理。例如，太政官的议政官（左大臣、右大臣、大纳言等）负责审议国家制度上的重要问题，其中，大和朝廷的大夫（议政官）一般都是由畿内有权势的氏族代表构成的。而且，从中央派到地方的“国司”虽然实行的是任期更替的官僚制，但是国司下面实际掌握地方实权的“郡司”还是由地方豪族担任，没有任期的规定，而且由以前的国造世袭的情况也很多。郡司制度一直延续着氏族制的原理。

如此看来，在日本的律令国家制度中，既有中国的律令制，也有大和王权的氏族制，用图表来表示的话，律令国家是由“律令制”和“氏族制”双重构造组成的。代表“律令制”的是太政官——国司体制，体现了官僚制的原理；而体现了“氏族制”的则是郡司，是以神话和血缘为纽带形成的。当然，郡司也分为两种，一种是以当地首领为代表的、氏族性质的，另一种是纳入到律令制中的、官僚性质的，“律令制”和“氏族制”在律

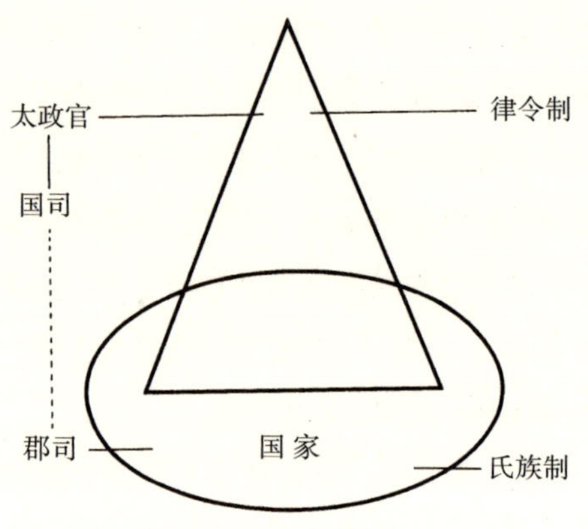

图9　律令制和氏族制的双重构造

令国家中实现了双重构造。

文字和家族制度

大宝律令的基础是官僚制——通过文书的形式来下达行政命令和报告，也就是所谓文书形式的行政系统。在大宝律令实施的同时，文书形式的行政系统也开始形成，所以，天平时代产生了大量文书。古代国家实行文书形式的行政系统是文字向社会进行普及的重要契机。

我们再来看看，大宝律令制定的“养子”和“嫡子”制度。大和王权社会中的“氏”是通过信仰共同的祖先而结成的集团，以与祖先的关系为纽带，氏长的地位也不需要经过“养子”认定就可以让旁系亲属继承。因此，大宝律令中的荫位制（父辈位高，其子孙能够凭借有利的地位获得官位）规定，父子关系是基础，“子”也包含养子，在待遇方面，嫡子优先于养子。这种嫡子和养子的制度后来成为家族制度的组成部分。

大宝令为三位[21]以上的贵族设立了官方的“家”（广义上的家政机构）。这里的“家”在广义上指的是一个官厅，“家令”等职员是政府的官员。日本传统家族制度中的家是以血缘为基础的——但不是单纯的血缘集团。例如，即使有亲生儿子，如果他不具备经营能力，家长也会从经营家族的立场出发，把没有血缘关系但有能力的人认作“养子”，让他继承家业。像这样，家族在广义上就是企业集团，它的根源可以追溯到大宝律令中官方的“家”和“养子”制度。但是，我们注意到，奈良时代面向三位以上贵族的官方的“家”（五位以上的称作“宅”）是与官位联系在一起的，它本身是不可以继承的。

【补记】“天皇”称号可能是于推古天皇时期开始使用的。另外，天武天皇时期的“铜钱”应该是飞鸟池出土的“富本”钱，这两个事件都记录在《飞鸟、奈良时代》（岩波少年新书 1999 年）和《历史中的天皇》（岩波新书 2006 年）中，请大家参考。

第七章　大佛开眼和黄金

平城京与和铜开弥

大宝律令实施后,文武天皇派出了自称来自“日本”的遣唐使。707年（庆云四年），年仅25岁的文武天皇去世。次年，708年正月，文武天皇的母亲元明天皇即位。因为当时武藏国进献了和铜（天然铜矿），以示祥瑞，年号便改为“和铜”。铜、银、金等矿物的出现被视为祥瑞，这是日本独有的特色，中国没有先例。改元后的次月，开始铸造货币和建造都城，这就是后来律令国家的两个象征——“和铜开弥”和“平城京”。两者都是实施大宝律令的一个环节,在文武天皇时期就投入准备,但是因为文武天皇早逝,所以最终在元明天皇时期完成。

关于和铜开弥，首先我想关注它是以银铸造并发行的货币这一点。一般认为，银这种金属曾作为物品的货币而流通，但是银钱的发行也有着重要意义。事实上，和铜开弥这种银钱在唐朝都城长安也被发现了。

尽管平城京是按照中国的都城来建造的，但它和藤原京一样没有城墙。而在中国，连地方上的城市都筑有高墙。朝鲜也广泛分布着山城，以备战时避难。所以日本这种没有城墙的都城在当时来说是一道奇特的风景。中国的正史《隋书》《旧唐书》上也特别记载了倭国“居无城郭”。

使用壕沟和栅栏来防卫，一般也只出现在弥生时代和战国时代等战乱时期。日本列岛与大陆的国家相比，在军事防御方面的意识比较淡薄，这也极大地影响了日本列岛的历史发展。

对边境的侵略

律令制度实施后，日本开始向边境地区扩张。708 年（和铜元年），朝廷在越后国的北部新设了出羽郡。朝廷也想在北方的虾夷地区实施律令制，但是遭到虾夷人的坚决抵制。次年，朝廷派出军队，用武力镇压虾夷人。三年后，陆奥国的两个郡并入出羽郡，改称出羽国。

朝廷还想将律令制扩展到西部的隼人地区[22]。在此之前，也就是在大宝律令实施的同时，朝廷在隼人地区新设了萨摩国和多褹国，遭到了隼人的抵抗，朝廷派遣军队前去镇压，强行任命国司并进行户口调查。713 年（和铜六年），在设置大隅国时，隼人又发起了大规模的叛乱。隼人的抵抗一直没有停息，直到 720 年春，隼人再次发起叛乱并杀害了大隅国的长官。这时，朝廷任命中纳言大伴旅人为征隼人持节大将军，带兵出征，经过激烈的战斗，逮捕和斩首了一千四百余人。饮酒作歌的旅人应该亲眼目睹了战争的血腥场面。宇佐八幡神就是在这场战斗中引起朝廷关注的。它距离朝廷的军队近，朝廷的军队就是在那儿祈求胜利的。这年秋天，虾夷出现叛乱，陆奥的按察使（地方行政监督官）被杀，朝廷又向虾夷派遣军队镇压。

国内外局势紧张

727 年（神龟四年），渤海开始向日本派遣使节。高句丽灭亡后，其遗民大祚荣（高王）与他统治下的靺鞨人一起摆脱唐朝的支配，于 7 世纪末建立了渤海国。渤海占有高句丽原领土的很大部分，所以与唐朝和新罗的关系紧张。因此，渤海向日本派遣使节，很大程度上是想获得日本在武力方面的援助。因为事关重大，所以，日本朝廷在渤海使节归国时也派出了使节，直接前往渤海调查它的国情和当时的国际形势。

730 年（天平二年）八月，使者从渤海返回日本，向朝廷汇报了紧张的国际形势。那时，日本国内统治阶层内部的分裂也进一步加深，社会紧张不安。次年冬天，朝廷在畿内设置了村官，在各个交通要道上设置了镇抚使，两者都是维持治安和应对国外威胁的特殊官职。接着，732 年（天平四年），派往新罗的使者回国后，朝廷马上设置了节度使（应对外民族的军事指挥官），禁止在其他地区售卖兵器和牛马，下令征收士兵、整理兵器并造船。同年，渤海国和唐朝开战，新罗在唐朝的命令下出兵渤海。

735 年春，新罗使来到日本，告知已将国号改为“王成国”，朝廷因其随意更改国号而责备使者，并将他遣返回国。日本与新罗的关系恶化。另外，这年夏天，大宰府管辖的地区开始流行水痘，可能是通过新罗传入的。

次年开始，接连两年日本农作物歉收。派往新罗的大使在归国途中，死于对马，副使也病倒了。可能都与水痘有关。根据副使的回国报告，新罗并没有按照外交使节的礼仪来接待日本使者。

737 年三月，朝廷命令各地建造释迦三尊像并抄写大般若经，后来各地又开始建造国分寺，希望通过佛的神力降服新罗，镇住流行的水痘和歉收。这时候，从筑紫传来的水痘开始侵入平城京，公卿以下的官员以及百姓中都有很多人死去。

卢舍那佛的建造和黄金的出现

圣武天皇在 743 年（天平十五年）颁布诏书，下令建造卢舍那佛。

卢舍那佛主体的铸造是从 747 年开始的，历时三年，经过八次铸造终于完成了。但是，镀金所需的黄金出现不足。高十六米的巨像全部镀上金，必然需要大量的黄金。卢舍那佛意为光辉的太阳，所以必须是金色的。眼看大佛即将完成了，却缺少足够的黄金，这让朝廷感到不安。这时候，陆奥国快马加鞭，向朝廷献上了一部分当地产出的金。朝廷立刻向全国的神社汇报并献上神用的币帛。那是 749 年二月末的事情。

四月一日，圣武天皇携光明皇后、阿倍皇太子，率领群臣和官僚前往东大寺，在卢舍那佛的前殿“北面”，下令宣读诏书，感谢黄金的出现。所谓“北面”意为服从面向南方的神。诏书记述如下：

> 天皇作为三宝之奴，竭尽侍奉，今日在卢舍那佛神像前下令宣读诏书并进献贡品……

以前，天武天皇曾作歌“维王若神”，将王比喻为“神”，但是，圣武天皇却宣称自己是“三宝之奴”。“三宝”原本指的是佛、法、僧，但是多指佛（或者是佛法）。自此，依赖神话和谱系来确定正统性的天皇开始转向依靠佛教和儒教来显示王权的正当性了。

圣武天皇在诏书中讲道："吾大倭国，自天地开辟以来，黄金一直是由别国进献。本以为自己国家没有，但是如今，在我统治的地区发现了黄金，东部地区的陆奥国长官百济王敬福，将他在领地小田郡发现的黄金进献上来了。这是'卢舍那佛大慈大悲赐予我们的礼物'。"接着，诏书中又说道，黄金的发现让人们感到十分高兴，由此将年号改为"天平感宝"。

大佛开眼和新罗王子的来日

陆奥国向朝廷进献九百两黄金（约 38 公斤）后不久，丰前国为了给建造大佛出力，派神官携带宇佐八幡神，乘坐紫色的轿子赴京，朝廷分别授予大神一品、比卖神二品的级位。

虽然发现了黄金，但是献上的九百两和完成卢舍那佛镀金所需的一万四百四十六两相比，还不到后者的一成。当然，陆奥国不断有黄金产出，但是同时其他地区也在努力勘测黄金。在陆奥国献上黄金后的次年，750 年（天平胜宝二年），骏河国的长官楢原造东人等人献上了在多胡浦（田子之浦）海岸发现的黄金。天皇十分高兴，赐东人等人姓"勤臣"。

752 年，大佛的建造终于进入最后阶段，三月十四日开始给佛像镀金。八天后的三月二十二日，大宰府上奏，新罗王子率进贡使节七百余人乘坐七艘船抵达日本了。七百余人应该是包括了船夫在内的所有乘船人的数量，但总的来说这次出使人数还是很多，而且还是王子随同使节一起来朝贡。

四月九日，大佛开眼的仪式隆重举行。菩提僧正持笔，笔端连着一条绳，圣武太上天皇、光明皇太后、孝谦天皇以及参加仪式的百名官员都手握着绳子，由菩提拿着笔点开大佛的眼睛。

六月十四日，新罗王子金泰廉上朝觐见。他代替新罗国王进贡，并明确表示："普天之下，莫非王土，率土之滨，莫非王臣。"表明自己是日本天皇的臣子。之前，日本想让新罗国作为朝贡国服从自己，但却遭到了新罗的强硬反对，两国之间的关系一度紧张。可是，为什么现在新罗的外交政策会发生如此大的转变呢？这个问题不是很明确，但有两个可能，一个是与当时东亚的国际形势，特别是新罗与唐朝和渤海的关系有关；另一个是这时期的新罗使节不仅仅是外交使节，还是商人，他们可以通过接受朝贡，达成交易而获利。所以，从筑紫方向进京的三百七十余人中含有不少商人，以及负责贸易的官员。

新罗使者带来的黄金

《日本书纪》记载，新罗使进献的贡品目录中含有黄金。我

图10　鸟毛立女屏风（局部）　宫内厅正仓院事务所藏

们知道，新罗等朝鲜各国一直是古代倭国的黄金供给国。所以，建造大佛所需黄金不足的消息必定也传到了新罗，于是这次的贡品目录中就出现了黄金。除金银以外应该还有许多其他的贵重物品，当时留下的一些贵重文书就记录了这些贵重物品。

传说东大寺正仓院里有名的“鸟毛立女屏风”在制作时，使用了很多废弃文书来裱糊底子。这些文书就是当时贵族们在购买新罗使带来的贡品时，提交的“解”（订购单）。东野治之研究发现，这些文书是在新罗使入京的六月中下旬，由五位以上的贵族家庭提交给负责该项事宜的相关官府的，里面记录了自己预定购买的新罗物品的种类和价格。这些物品有香料、药材、颜料、染料、金属、器皿、家具等很多个种类，其中包括了唐朝、南海和西亚等地的商品和新罗的特产。

同时，新罗使来到日本的时候恰逢东大寺举办盛大的大佛开眼仪式，为了更好地完成东大寺的建造，当时的造东大寺司（负责建造东大寺的官员）应该也大量购入了新罗的物品。据推测，正仓院里的佐波理加盘（铜、锡、铅合金的器皿）也是当时购入的。正仓院的宝物中，不仅有遣唐使带回的物品，也有很多新罗使和渤海使带来的宝物。

而且，前面提到的文书（“购买新罗物品的订货单”）还给我们提供了有关黄金的信息。这些文书中有三封提到要购买黄金。一般来说，如果大佛镀金用的黄金不足的话，是不可能卖给贵族的。所以，这表明当时镀金所需的黄金应该已经得到了确保。大佛开眼仪式是在镀金没有全部完成的情况下举行的，可能与当时圣武太上天皇的身体不适有关，并不是因为黄金不足来不及完成。

还有，新罗的贡品中出现黄金也表明，在黄金方面，日本还是会依赖朝鲜各国。但是，也是在那个时候，日本自己开始产黄金了，这也成为日本在对待朝鲜各国的态度上发生微妙变化的理由之一。

七月，新罗王子们回国后不久，日本和新罗之间的关系又开始紧张。十月，朝廷任命军事才能卓越的百济王敬福负责训练和整顿西海道（九州）的军队。十一月，参议橘奈良麻吕被任命为按察使，负责加强山阴道的警备。753 年（天平胜宝五年）二月，日本的遣新罗使因为傲慢无礼，被新罗王拒绝接见，最后没有完成使命便被遣返回国。大概是因为日本的遣新罗使要求新罗王行臣子之礼吧。十月，朝廷下令加强对士兵的军事训练。

日本对新罗采取强硬态度的背后，或许有不再依赖新罗产黄金这个原因。至少，朝廷的贵族们从没有黄金的自卑感中解放出来了。

黄金的产出非常顺利。从陆奥国最早献上黄金开始，一直到777年（宝龟八年），在不到三十年的时间里，日本朝廷就把黄金作为日本的特产添加进送给渤海国王的赠品中了。之前，在建造飞鸟寺的释迦如来像时，日本从高句丽王那里获赠了镀金用的黄金（第79页），而这一次，日本可以反过来把黄金赠给高句丽的后裔渤海王了。

之后又过了几个世纪，日本国也被称作黄金之国了。

天平文化和垦田永年私财法

我们再将话题转回743年（天平十五年）。这一年，朝廷颁布建造大佛的诏书，同年五月，出台垦田永年私财法。教科书等书籍一般都认为，这个时期是律令国家的公地公民制开始解体的重要时期。另一方面，以大佛开眼和正仓院为代表的天平文化却因遣唐使的缘故而具有了国际色彩。前者给人以负面印象，而后者则带来正面印象。但是，垦田永年私财法的实施真的显示出律令国家的解体吗？

日本律令所参照的唐朝律令中包括实施均田法，该法规定一名成年男子最多可以分到一百亩（约5.5公顷）田地。但是，这个一百亩是理想的数额，实际上只能分到这个数字的一半。因此，农民开垦的小规模田地也被纳入到了均分的田地之中。而且，在人口比较稀少的地区，只要提出申请，即使超过了一百亩也是可以的。

分给农民一百亩田这种构想来自中国古代的“井田法”，是中国的传统理念，也是一种理想状态。如果每个农民都能分到一百亩田，那么天下就会成为圣人和君子的天下。因此，很明显，均田法包含了某种假想，通过这种假想，可以灵活并切实地限制豪族占有大量土地。但是，这种情况不存在于日本的班田法之中。日本的班田法是为了适应现实状况而制定的。

日本的班田法没有采用中国均田法中口分田和永业田（可以世袭的田地）同时存在的形式，而是舍弃了与垦田密切相关的永业田，只规定了口分田。而且，口分田“男二段”和“女为其三

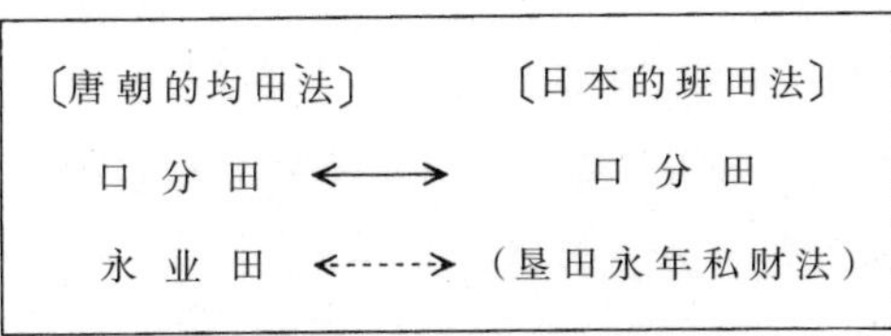

图11　唐朝的均田法和日本的班田法的对照

分之二”这个分配标准，是实际要分给的熟田（已经开垦的水田）的预定目标数量。日本的班田法不同于中国的均田法，没有采取将垦田有机地纳入到分田之中的机制。

也就是说，唐朝的均田法已经包含了相当于日本垦田永年私财法的内容。垦田永年私财法是为了弥补日本班田法中缺失的部分——奖励开垦而颁布的。

垦田永年私财法创造出一种能够灵活控制未垦地与新垦田的体制，这是日本的班田法未能做到的。的确，从垦田不能成为分配的对象这点来看，它是与班田法的原则相违背的。但是，垦田永年私财法明确了土地开垦的手续和它的有效期（三年），而且，被开垦的田地作为交租田（交纳租子的田地）也成为田地的一种。这样看来，不如说它进一步深化了朝廷对田地的支配。

垦田永年私财法出台时正是天平十四年间、实施班田收授的过程当中。通过全面承认垦田的所有权，就可以制作出一幅详细的田地分配图。天平十四年的班田图之所以最先被列为后世所谓“四证图”（四张重要的田地分配图）之一，也是因为垦田永年私财法的实施使得详细把握耕地的实际情况成为可能。公开承认没有纳入分田对象的田地（垦田），与完成全国性的田地分配图相比，当然还是后者的历史意义更为重要。

什么是公地公民?

那么，为什么会将垦田永年私财法理解为律令国家解体的开始呢?在这里，我想对此稍作讨论。

坂本太郎的《大化改新的研究》构建了近代对古代史学研究的基础。它指出从“私地私民”到“公地公民”的改革是大化改新的要素，而大宝律令的制定是大化改新的成果。大宝律令的重要特征就是“公地公民”。

但是，班田收授法的“口分田”作为“公地公民”制的支柱，在律令制中却不是“公田”，而是被定性为“私田”。这是沿袭了唐朝律令制的规定。唐朝律令中的“公田—私田”一般对应的是唐朝之前、南北朝时代北魏律令中的“公田—民田”，以及唐朝之后、从宋朝开始直到明清时期的“官田—民田”。公和官、私和民，使用这些相近词语的情况较多。

〔南北朝〕	公田 — 民田
〔　唐　〕	公田 — 私田
〔明・清〕	官田 — 民田

图12　中国的田地所属名称的变迁

那么，唐朝为什么不使用“民田”这个词呢？可能是为了避讳皇帝唐太宗李世民的名字。因此，唐朝律令中的“私田”就相当于“民田”，“公田”就相当于“官田”的概念。“口分田”就是“民田”=“私田”。日本的律令完全沿袭了唐朝律令中的公—私框架。

既然“口分田”是私田，那么班田收授法规定的“公地公民”就毫无道理了。话说回来，之所以有人把“口分田”视为“公田”，是因为在实施垦田永年私财法之后，有些史料记载“垦田”为“私田”，“口分田”为“公田”；另外，可以推定口分田是受当地的公家控制的，所以并不是完全说不通。但是，律令将其规定为私田的意义更加重大。那么，为什么这种说法会成为一般性的理解呢？

这与近代日本的历史学定位有很大关系。不仅仅是历史学，在近代日本的学问中，公—私之别有着特殊的意义。近代日本为了赶上欧美列强，保持国家的独立而拼命努力，不惜改变价值体系，去建立强有力的中央集权国家。学问不可能与此脱离干系。公—私是与中央集权—地方分权，官僚制—世袭制一样，分别承担着正面和负面的形象。虽说也有一定的史料证据，但是不管怎么说还是近代史学理念的影响更大。

近代的眼界是如何改变人们对历史的理解的呢？让我们稍作讨论。

近代的眼界

“大家请看那边回廊的柱子。柱子中间部位有些膨胀吧？这叫作圆柱收分线。它起源于遥远的希腊。”

这是我在三月中旬参观法隆寺时见到的场景。当时还没到旅游旺季，游客稀少，一些观光巴士的导游小姐——好像是刚入职的新人，她们在法隆寺西院金堂和回廊之间接受前辈们的特训。回廊东南部的柱子上挂着的镜框背面有说明文字，我仔细一看，突然想起了井上章一的《法隆寺的精神史》一书。

井上在书中写道：“和辻哲郎的名著《古寺巡礼》的一大特点是提出了‘大和的古典美术和希腊的古典美术有着相似点’。和辻认为：飞鸟至天平时期的佛像、绘画和建筑中包含着古希腊的艺术美。……古希腊文明通过中亚和印度传入日本，而日本的美术正是在其影响下产生的。只有通过上述角度才能完美地解释大和的古典美术。”将奈良正仓院喻为“丝绸之路的终点站”——这句宣传语也是采取了同样的视角。而且，井上通过研究，发现这种视角来源于19世纪末至20世纪初的“脱亚入欧”（脱离亚洲、跻身欧美列国）思潮。发现古代日本与西欧的联系，这对于当时急于赶上欧美列强的日本人来说是极大的鼓励。虽然没有科学依据，但是法隆寺的圆柱起分线起源于古希腊——这种说法之所以广泛流传开来，正是由于当时的社会背景。

古代也有与近代相似的情况，这可以从律令之中和遣唐使身上窥探到。李成市在其论文《古代史中的国民国家的故事》中明确指出，幕末至明治初期的欧美使节团可以与遣唐使相对应，他们以修改条约为前提吸收西洋的法律制度，也类似于以前吸收唐朝的律令制，并强调律令国家的形成和明治维新有着相似点。

通过这种视角，大宝律令和遣唐使的形象进一步扩大。但是，这样也滋生出不良影响。朝鲜各国的国家制度和文化作为大和王权的国家制度和文化的基础，也是律令国家的组成部分之一，却被轻视了，还有在遣唐使之前，大和王权与新罗、渤海的数次交流也被忽视了。

如果采用近代的眼界去看待古代历史，容易造成曲解。将垦田永年私财法视为公地公民制解体的标志，甚至视为平安时代古代国家解体的标志，这种出现在教科书中的一般提法就是一个例子。

藤原仲麻吕的儒教政治

且说奈良时代的历史吧。

天平时代后半期，藤原仲麻吕开始登上政治舞台，757 年（天平宝字元年），天皇颁布了一份诏书，将“藤原部”和“君子部”

分别改称为“久须波良部”和“吉美侯部”。“君子部”称呼的废除是因为要避讳指代天皇的“君”字，而“藤原部”称呼的废除也是像“君”字一样，要避讳“藤原”两字。这恐怕是仲麻吕策划的。两个月后，为了避讳圣武天皇生前名字中的“首”字和藤原不比等生前名字中的“史”字，又将八色姓中的“首”和“史”都改为“毗等”。为避天子名讳而禁止人们使用——这种中国礼制被藤原氏滥用在自己身上了。

这时候，出现了反对仲麻吕的政变苗头。仲麻吕先发制人而采取行动，使得橘奈良麻吕等人的政变计划失败。仲麻吕清除反对派，确立了自己在朝中的地位，然后将杂徭（国司在地方上征收的劳役）的天数由 60 天减少了一半，改为 30 天，并向各个地区派遣“问民苦使”（询问民间疾苦的官员），听取他们的上奏，缩短负担课税的年限。这一系列措施被称为儒教思想中的“仁政”。

758 年（天平宝字二年），仲麻吕的傀儡淳仁天皇在即位的同时，将官员和地方各司的名称都改成了中国式的、仿照儒教德目来取的名字。例如，“民部省”就改称为“仁部省”。另外，仲麻吕还获得了铸造钱币（包括发行货币）的特权。两年后，仲麻吕登上了最高位——太政大臣（太师）的位置。

760 年（天平宝字四年），仲麻吕了解到，唐朝的货币——开元通宝由金币、银币和铜币三种构成，于是也开始铸造金币开基胜宝、银币太平元宝和铜币万年通宝。因为日本自己产黄金，所以可以发行金币了。当时，西域地区进行东西方贸易流通的货币基本上是萨珊王朝的波斯银币和东罗马帝国的金币，而开基胜宝这样的金币只能算是东海小帝国的象征。

僧侣道镜的登场

761年（天平宝字五年），淳仁天皇和孝谦上皇[29]出行至近江的保良宫，不巧孝谦上皇生病，宫中的禅师道镜负责看护。因为道镜常年在山林修行且擅长巫术，最后治好了孝谦上皇的病，以此为契机，道镜得到了孝谦上皇的宠爱。

目睹孝谦和道镜的暧昧，年轻的淳仁天皇进言相劝，不料反而激怒了孝谦上皇。返回平城宫后，孝谦上皇进入法华寺出家，并从淳仁天皇手上夺去了国家大事的决定权。

以此事为转折点，仲麻吕在朝中的地位开始降低，最后，仲麻吕发动叛乱逃至近江。眼看无法扶植傀儡淳仁天皇，仲麻吕决定拥立冰上盐烧（天武天皇的孙子）为天皇，并提升自己的儿子为三品官位（相当于亲王）。但是，最后仲麻吕被孝谦天皇的军队打败，在琵琶湖上的船上遭到逮捕，后被斩首。

孝谦上皇镇压叛乱后，将淳仁天皇幽禁于淡路国，再次即位称帝（称德天皇）。之前曾出现过圣武天皇出家后让位的情况，而这是第一次出现天皇出家后又再次即位的情况。

称德天皇即位后，道镜开始登上政治舞台，他被任命为“大臣禅师”“太政大臣禅师”，最后号称“法王”。769 年（神护景云三年）正月，女皇接受朝拜的次日，道镜也受到大臣以下官员的朝拜。同年，大宰府的主神（掌管祭祀的官员）上奏说，宇佐八幡神宣谕“让道镜即位，天下可太平”。事关重大，朝廷顿时动摇不安。女皇得到托梦，她派出身边尼姑法均的弟弟和气清麻吕前往宇佐。但是，和气清麻吕返回后报告的神谕，与先前上奏的完全不一样，他说的是“天下必须拥立皇嗣（天皇的血统）”。道镜大怒，女皇只好将清麻吕和法均流放。

天皇和儒教、佛教

让不是皇族出身的僧人登上皇位，从这点上来看，宇佐八幡神的神谕事件是非常奇怪的。但是在历史发展的过程中，藤原仲麻吕一族向皇族靠近以及道镜超越藤原仲麻吕、想自己登上皇位这些事件并不是偶然的。

仲麻吕做了太师（太政大臣），道镜也达到了太政大臣禅师的位置，甚至成为了法王。仲麻吕将姨母光明皇太后的府邸（紫微中台）作为立足处以掌握政权，道镜也设置了法王宫职作为处理朝政的地方。仲麻吕在领地近江建造了保良宫,称之为“北京”,而道镜在其出生地河内国的弓削建造了由义宫，称之为“西京”。仲麻吕在他年轻时就打破了只有皇女才能做皇后的惯例，让光明皇后成为第一个非皇族出身的皇后，之后又掌握朝中大权，不断努力将自己的一族并入皇族。避讳天皇名字的礼制也延用至藤原一族，禁止天下人使用藤原氏的氏名“藤原”以及祖父生前名字中的“史”字；还控制了原本属于天皇的货币铸造特权。更有甚者，让娶了自己已逝长男遗孀的大炊王即位成为淳仁天皇，最后还授予自己的儿子们等同于亲王的官品等。

也许，仲麻吕自身并没有要做天皇的意图，但是他的每一步都十分接近天皇的位置。而强烈反对仲麻吕的道镜可以说只不过比仲麻吕更近了一步。可问题就在于那一步。

在古坟时代，大和朝廷中的豪族们拥立通过血缘世袭神灵权威的大王，并以大王为核心建立朝廷。但是，律令国家的天皇仅凭氏族制原理则无法维护自己的正统性。

仲麻吕通过儒教的仁政思想、之后的称德和道镜则通过佛教来构建王权的基础，这都是通过探索大陆文明来重新构建天皇的正统性。

第八章　大和古典国家制度的确立

新皇统的确立

称德女皇让道镜即位的计划失败后，770 年（神护景云四年）八月，女皇逝世，天智天皇的孙子白壁王被拥立为皇太子。之所以选择白壁王，主要是因为他的妻子是圣武天皇的皇女井上内亲王，而且他们还生了一个儿子他户亲王。他户因为母亲的缘故连上了圣武天皇的血统（图 13）。十月，白壁王即位（光仁天皇），井上内亲王为皇后，他户亲王被立为皇太子。

但是，仅仅一年多之后，井上皇后就因为使用巫术诅咒丈夫光仁天皇而被废后，儿子他户亲王的皇太子身份也就被废除。次年，山部亲王被立为皇太子。同年，井上和他户母子被幽禁于大和国宇智郡，一年半后，两人离奇死亡。

井上和他户死后两年，山部皇太子生病，朝廷将井上内亲王改葬并派人守墓。第二年，山部亲王还没有病愈，朝廷又大赦天下，

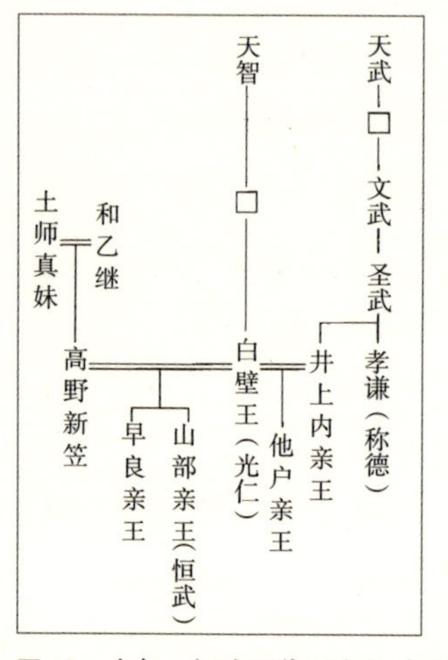

图13　光仁、桓武两代天皇的关系图

向伊势大神宫和全国各地的神灵进献币帛等，努力为山部祈祷。半年后，山部病愈，便亲自去往伊势参拜神宫。

光仁天皇即位十二年后的781年（辛酉）正月（辛酉）一日，伊势的斋宫上空惊现祥瑞的“彩云”，以此为契机，年号改为“天应”。这在中国的占卜思想中被称为“辛酉革命”（辛酉之年更改天命）之年。

四月，光仁天皇让位于皇太子山部亲王，即桓武天皇。桓武的母亲新笠是外来移民和氏的一名男性与伴造系氏族的土师氏之女所生的孩子。天皇的父亲有着皇室血统，但是其母的出身却比较特殊。天皇母亲的出身——外来移民和伴造系氏族，在当时朝廷贵族的意识中是处于劣势的。

对桓武天皇而言，又该如何主张和确立自己的皇统的正当性呢？这是一个重要问题。他即位时的诏书如下所示：

贤明的倭根子天皇吾皇（光仁天皇），遵从当初近江大津宫的天皇（天智天皇）制定的法则，将天下之大业，委任于我……

也就是说，天皇（光仁）是按照“天智天皇最初制定的法则”将皇位交给桓武的，这是桓武天皇即位的最大依据。而关于“天智天皇最初制定的法则”，学界中尚无定论。但是，如果参照天智的谥号“天命开别”（打开天命的含义，别是尊称），就可以看出，中大兄（天智）通过乙巳之变（大化政变）确立的“皇统和皇权的绝对性法则”，很有可能便是“天皇掌握从皇亲中选取继任皇位者的大权”（第 99 页）。

与 8 世纪前半期的即位诏书相比，在详细说明即位的情况和正统性方面，桓武天皇的这份诏书简明扼要地抓住了重点——“遵从天智天皇制定的法则，先皇让位于我”。之后，一直到幕末，历代天皇的即位诏书几乎都继承了桓武天皇的诏书格式。

新的京城和祭天仪式

因为母亲出身卑微而不拥有天武—圣武血统的桓武天皇，就无法待在天武系皇统所在的都城平城京了。意图构建新皇统的桓武天皇于 784 年（延历三年）五月宣告迁都山背国长冈宫，并在仅仅半年后的十一月便正式迁都。选择长冈之地是由于这个地区与外来移民的联系较深，还有淀川流经此地，水源富足。

推进迁都长冈的藤原种继，作为建造都城的负责人，日夜坚守，指挥工程建设。迁都的次年，他举着火把视察工地时，因为天色昏暗不小心被箭射中，次日便死去。对犯人进行追查后发现，此事与皇太子早良亲王有关联。之后，亲王便被幽禁于乙训寺，最后被迫乘船流放至淡路岛。亲王非常愤怒，从幽禁之日起便拒绝进食，后来在送去流放的途中死去了。

一个月后的冬至之日，桓武天皇派遣使者在长冈京南郊的交野祭祀“天神”。一年后的冬至之日，桓武再次在交野祭祀天神。冬至之日，在都城的南郊祭天是模仿中国皇帝在郊区祭天的习惯。在中国的郊祀中，有在祭祀昊天上帝（天帝）时陪祀自己王朝的第一代皇帝的习俗。桓武天皇向天神祭拜自己的父亲光仁天皇，是仿照中国的王朝更替惯例，说明从光仁天皇开始了新的皇统。对桓武天皇来说，他需要从新皇统的始祖光仁天皇让位于他一事中，找到自己继任皇位的正统性。

山部亲王（桓武）参拜伊势神宫之后，他的儿子安殿皇太子（后来的平城天皇）为了祈求身体健康也来到伊势神宫参拜。两次皇太子参拜伊势神宫，与中国册立皇太子时祭拜宗庙（皇帝祖先的宗庙）不同，桓武天皇的两次祭天也与中国皇帝自己去郊区祭天有所不同，但是，桓武朝廷都了解中国皇帝在郊区的祭天活动，以及皇太子祭拜宗庙的礼仪，这是毫无疑问的。如此一来，伊势神宫作为天皇宗庙的性质进一步加强了，来自伊势大神的父系皇统也被确立为天皇制的核心。

冤魂和平安京

藤原种继被暗杀后，长冈京的建造还在继续着。但是，迁都长冈京后不到十年，793 年（延历十二年）正月就开始准备迁都平安京。为什么不到十年就放弃长冈京呢？有两种说法，一种是葛野川（桂川）的洪水灾害，另一个就是恐惧早良亲王的冤魂。

早良亲王含愤而死后，桓武天皇的身边不断发生不幸的事情。788 年（延历七年），桓武天皇的夫人旅子不到 30 岁就死了；次年，母亲高野新笠死了，半年后皇后乙牟漏也死了。

之后，长男也即皇太子安殿亲王得了一种治不好的“风团病”。向伊势神宫和畿内的神社祈祷也没有效果。不久，请了阴阳师来占卦，说皇太子的病是由于死去的早良亲王的冤魂作怪。

因为政治上失意而带着怨恨非正常死亡的人都会化成冤魂来作怪——这种说法在那时候非常流行。井上内亲王被废后受到幽禁，之后和她的儿子他户亲王离奇死亡，她的魂也化作冤魂。再加上早良亲王的冤魂，所以当时成了一个冤魂不散的时期。放弃长冈京是在占出早良亲王的冤魂之后不久做出的决定。

793 年正月，新都城的建造工程正式开始。次年十月二十二日辛酉之日，迁都平安京。此后，除了一次短暂地迁都福原，平安京一直是都城，延续千余年。

图14　平安京的复原模型

征夷大将军的出现

8世纪中叶，安史之乱（安禄山、史思明）爆发之后，唐朝不再对周边国家构成威胁，日本朝廷与以唐朝为后盾的新罗的关系也开始缓解。对桓武天皇来说，对外关系的担心既已消除，便可安心地建造都城和完成平定虾夷的事业。

律令国家的统治地区由于接近虾夷社会的中心——北上川中流的胆泽地区（现岩手县水泽市、胆泽郡），所以经常引起虾夷人的不满。光仁天皇时期的774年（宝龟五年），虾夷人攻击了桃生城。此后，在长达38年的时间里，东北地区一直陷于战乱之中。

780 年，时任陆奥国上治郡司（可能是此治郡的误写）的虾夷族长伊治公呰麻吕突然发起叛乱。他在伊治城（现宫城县栗原郡）杀害了按察使纪广纯，然后袭击了多贺城（现宫城县多贺城市），烧杀掠夺。朝廷接到消息后派出征东使，但是被虾夷的游击战给赶走了。

桓武天皇即位后，开始认真备战。789 年（延历八年），他派遣了 5 万多征讨军前往虾夷，却在北上川受到虾夷族长阿弓流为所率军队的包围，一千余人战死，征讨军大败而回。但是桓武天皇没有放弃，他有着帝国皇帝的自豪感，次年又开始准备征讨虾夷。794 年，桓武天皇任命大伴弟麻吕为征夷大将军，坂上田村麻吕为副将军，率领十万大军出征。这次出征平定了胆泽地区。在征讨中立功的坂上田村麻吕于 797 年被任命为征夷大将军。

第一位征夷大将军是大伴弟麻吕，但是因为坂上田村麻吕非常活跃，所以后世之人一说起征夷大将军，首先想到的是坂上田村麻吕。红面黄须的田村麻吕死后被允许穿着盔甲、佩带武器入葬。为了镇守皇城平安京，田村麻吕的陵墓被放在东山的将军陵墓群，这一带埋葬了很多陶瓷做的、穿着盔甲的将军人像。平安时代还传说田村麻吕在东山遇见了僧人延镇，合力制做了观音像，建造了清水寺。田村麻吕力战逆贼的神话故事也随之流传。

在这个时期，做过征夷大将军的只有田村麻吕和将门之乱时候的藤原忠文。《吾妻镜》中写道，源赖朝非常期望得到这个职位。镰仓幕府、室町幕府、江户幕府的征夷大将军在日本国制史上有着非常重要的意义。征夷大将军田村麻吕成为后世的典范。这是征夷大将军的古典时代。

天皇制度的确立

桓武天皇去世后，皇太子安殿亲王即位（平城天皇），立其弟神野亲王为皇太子。

但是不久，平城天皇旧病复发，809 年（大同四年），让位于弟弟皇太子神野亲王（嵯峨天皇）。退位后的平城上皇在其出生地平城旧都建造宫殿并移居于此。

但是，在上皇身边的藤原药子和其兄长仲成的策划下，一部分公卿和太政官员随之来到平城宫，出现了“两处朝廷”，即两个朝廷的局面。因为日本的律令制规定，让位的上皇（太上天皇）和天皇拥有同样的权力。

上皇和天皇经常颁发不同的诏书。810 年（大同五年），上皇下令迁都平城，但是嵯峨天皇乘机捕杀了前来传达命令的藤原仲成。上皇率兵逃往东部地区却被天皇的军队拦下。上皇只好返回平城宫然后宣布出家，药子随即自杀。嵯峨天皇即位时确立的皇太子高岳亲王（平城上皇之子）也迫于压力，不久就出家了。

高岳亲王被废太子位这件事说明，围绕皇位的争夺转向了围绕皇太子位的争夺。8 世纪后半期开始，围绕皇位继承的争夺很多都是围绕立太子和废太子展开的。这是天皇生前让位制度的确立造成的。

823 年（弘仁十四年），年仅 38 岁的嵯峨天皇让位于同父异母的弟弟，也即与他同龄的皇太子大伴亲王（淳和天皇）。嵯峨天皇让位后就不直接干涉政治，而且将住所移至“后院”，远离天皇的住所。另外，嵯峨天皇让位后取消了自己“天皇的称号”，写入“臣子之列”。淳和天皇随即颁布诏书，赠给嵯峨“太上天皇”的称号。从此，新天皇向让位后的天皇赠送“太上天皇”称号的制度便成立了。从制度上来说，太上天皇的权力位于天皇之下。不过，上皇作为“院”，可以从天皇的各种避讳中解放出来，发挥不同于天皇的其他作用。

以前，在大和时代，王权不是仅由大王承担，而是由大王、王妃和王子们共同承担。王权不归结于大王一人，这是未开化社会的一种王权形态。但是，当在制度上王权由天皇一人代表，皇太子作为皇位继承人的地位得以确立，且生前让位的制度成为惯例，就说明天皇制确立了。

858 年，年仅 9 岁的清和天皇即位一事表明天皇制已被确立为国家制度。在奈良时代中期以前，如果即位的天皇年纪尚小，地位有可能不稳定，一般都会由女皇补缺，起到承前启后的作用。这是因为彼时天皇幼小无法胜任的缘故。但是现在出现了年仅 9 岁的天皇，表明天皇的职能已经可以由年幼的天皇来承担了。天皇的地位与每位天皇的能力没有直接关系——刚刚确立的天皇制便是这样一种制度。此后，即使不断有年幼的天皇即位，大八州的土地和人民都还是归属于天皇，天皇授予官位和官职的体制也没有任何动摇。天皇依然是每年定例的祭祀活动的中心。幼帝因为不能直接行使世俗的权力，反而成为了一种远离“污秽”的存在。

源、平的出现和名字的唐风化

嵯峨天皇子女众多，大约有 50 多个皇子和皇女。814 年（弘仁五年），天皇下令，除皇后、妃子和女御等正式配偶生的子女外，其他的皇子和皇女都被赐予源姓，降为臣籍。之后的仁明、文德、清和等天皇的皇子和皇女中都有被赐予源姓的。825 年（天长二年），桓武天皇的孙子高栋王被赐予平姓，接着仁明、文德、光孝天皇的皇子和皇女中又有人被赐予了平姓。

源、平两氏中，特别是清和源氏和桓武平氏后来成为武家的栋梁，活跃于政治舞台。但是，我们注意到，源、平、藤、橘这些传统的姓氏都是出现于这个时期。即便如此，源、平还只是抽象的氏族名称。前面讲到过，进献了黄金的骏河国长官也被赐予了“勤臣”这样的氏名（第 144 页），但相比之下，“源”和“平”反映了朝廷对中国文化的憧憬。

氏名和个人名字在这个时期也有了很大变化。嵯峨天皇给被称为“亲王”的皇子取名为正良、秀良、业良、忠良等，均为两字四音的名字，最后这个字都是“良”。然后给赐姓为“源”的皇子取名为信、弘、常、宽、明、定等，使用的是一些抽象的、道德伦理方面的汉字。

像这样，具有中国色彩的取名方式首先向贵族社会扩展。在成人的名字中，以十二支动物以及大自然中的物品取名的方式逐渐消失，以取野蛮的名字（例：今毛人）和肮脏的名字（例：屎万吕）等来祈愿拥有超能力的风俗也逐渐减少，不再作为正式的名字使用。名字中未开化的元素不断减少，使用寓意美好的汉字来取名的习惯正在这个时代形成。

摄政、关白的出现

在天皇制确立的过程中，朝廷的组织机构也发生了很大变化。其中最大的变化就是摄政、关白的出现。

藤原良房娶了嵯峨天皇的女儿洁姬为妻，受到朝廷的重用。然后，他通过嵯峨天皇死后发生的政变（承和之变），提高了在朝廷内的发言权，获得了高于其他贵族的官位。随后，他又将自己和洁姬生的女儿明子送入皇太子道康亲王的后宫，明子和道康

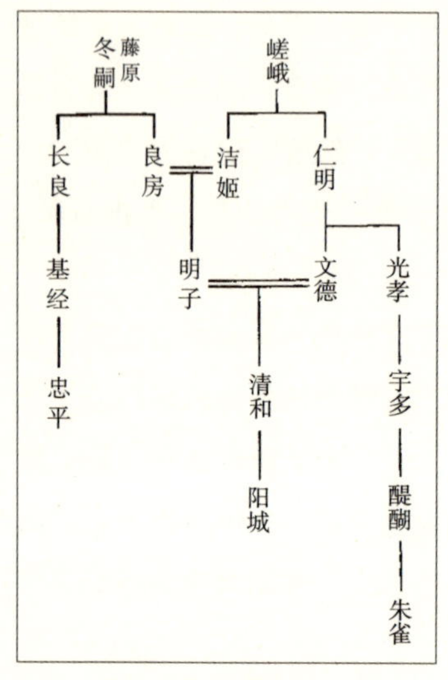

图15　天皇和藤原氏的关系图

亲王生下了惟仁亲王。道康亲王即位后（文德天皇），仅有八个月大的惟仁亲王就被立为皇太子。文德天皇时期，良房作为天皇的外公就成为了太政大臣。次年，858年（天安二年），32岁的文德天皇去世后，皇太子惟仁亲王即位（清和天皇）。天皇这时候年仅9岁。前面讲到过，这位幼帝的出现具有重要的历史意义。

幼小的清和天皇的后盾就是自己母亲方面的祖父，也就是被称为“天皇之师”的太政大臣良房。良房作为天皇的后盾，总揽政权，实际上起着摄政的作用。

良房将兄长的儿子基经当作自己的继承人。基经和良房一样，在清和之子阳成天皇小时候代替他总揽政权。但是，阳成天皇成人后因为诛杀朝廷大臣而被废，之后，基经拥立了光孝天皇。55岁才即位的光孝天皇十分看重基经，甚至颁布诏书，称“向天皇上奏的事情，以及天皇向太政官下达的命令等，都必须经过基经”。事实上，这就是关白的开始。

摄政、关白都是律令之外的官职（律令中没有规定的官职），被委以代替天皇宣旨（传达天皇命令的诏书）之任，所以它的名称也没有固定下来。但是，基经的儿子忠平在朱雀天皇 8 岁即位时，作为天皇的舅舅成为了摄政，之后，在天皇举行成人仪式后，又成为关白，就这样基本确立了自己的地位。

摄政、关白作为天皇制中的一个环节，成为后来国家制度中的重要部分，它与院、征夷大将军一样出现于平安前期。后来虽然出现过像后醍醐天皇这样完全由自己行使天皇权力的情况，但一般都是由摄政、关白、院、征夷大将军代替天皇行使权力。

家族继承的萌芽

一般的教科书和概论书中都将前面提到的良房和基经的关系写成“养子”关系，同时代的史料中则记载为“犹子”。“犹子”原指“兄弟的儿子”，后来变成“像儿子一样”的含义，即不以继承为目的而结成的亲子关系，后来经常作为“养子”的同义词使用。

以前，氏族首领“氏上”的地位若要转由同一始祖的旁系亲属继承，氏上和继任的氏上之间是不需要建立“养子”关系的。“养子”是家族的继承原则。从氏族向家族转换的一个重要标志就是“养子”（第 135 页）。基经作为祖父冬嗣的荫孙（三位以上贵族的孙子）在 17 岁时就出任官职了，所以他和良房的关系是否属于律令制中规定的“养子”关系就显得很微妙了。但是，当良房—基经的子孙一起构成摄关家的时代到来之后，基经作为养子继承摄关家这种观念就形成了。

在奈良时代，“家族继承”的观念并没有真正形成。大伴家持和石上宅嗣这两个名字分别训读为“ヤカモチ（yakamochi）”和“ヤカツグ（yakatsugu）”，其中表现出了“持有”“承嗣”一种叫作“ヤケ（yake）”（“yaka”是“yake”的变形）的设施的意识。“ヤケ（yake）”这个词指的是拥有气派的大门、周围由壕沟和石垣环绕、里面建有屋（ya）和仓库（kura）等设施的区域。但是，人名中的“家”和“宅”在平安时期一般都训读成“イエ（ie）”（如源义家，义家读作ヨシイエ）。镰仓时代初期完成的《愚管抄》中出现了很多“振兴家族”“继承家族”“传达给家族”等词语。所以可以推测，传统的“家”制度应该也是在平安时代形成的。

神佛合一之路

在国家制度的形成过程中，宗教和文化又发生了什么变化呢？下面就让我们来看看。

神道起源于弥生至古坟时代村落共同体中的巫术。后来，大陆传入的道教慢慢渗透进原始时代的神灵信仰（指神道），但是同样从大陆传入的佛教在奈良时代初期和神道却几乎没有交集。

佛教和神道的交流始于奈良时期，当时，为了救助苦难的神，人们在神社旁边建造神宫寺。神陷于苦难的轮回世界，于是向佛求助。多度大神宣谕："惟望皈依三宝（佛教），以求神灵永存。"

8 世纪中叶，神官供奉着宇佐八幡神、乘着紫色的轿子赴京援助东大寺大佛的建造。

> 吾神，率天神和国神一道进献……

本土的神帮助佛守护佛法，这是来源于印度梵天、帝释天等护法神的思想。八幡神和佛教的渊源很深，它在平安初期也被称为"八幡大菩萨"。

在佛教和神道的交流中，最澄和空海对于构建传统宗教意识的基础发挥了重要作用。804 年（延历二十三年），最澄和空海跟随遣唐使一起留学唐朝，之前两人都在山林修行。最澄舍弃了南方的大寺院、登上了比睿山，空海则离开了大学，先后在阿波的大泷山、土佐的室户岬和吉野的金峰山修行。山林修行在当时的佛教中非常流行，而且山自古以来就是神居住的地方，是天上神仙降临的地方。所以山林修行者可以与神接触并获得神秘的力量。

最澄来到唐朝后，在天台山国清寺向行满请教天台的付法和大乘戒。空海则来到长安青龙寺从惠果处接受胎藏界和金刚界的灌顶仪式（从头上浇圣水，然后接受密教秘法的仪式），学习密教大法。之后，838 年（承和五年），最澄的弟子円仁几经波折前往唐朝，在五台山学习密教后回国。

密教是吸收了印度的古代诸神形成的，所以传入日本的密教也吸收了古代的神，也就是说神佛实现了合一。密教的巫术修法在驱赶人们所恐惧的冤魂（第 165 页）方面发挥了重要作用。所以，密教很快在朝廷和贵族阶层中普及开来。修验道也是以密教的山林修行为原型的。

平安中期产生了本地垂迹的思想，它认为佛是以神的模样出现在世界的。本地垂迹的思想在天台本觉论的影响下不断发展。本觉论认为，一切现实都表现了佛的世界，人原本就是佛，只不过没有自我认识到这些，它对于镰仓佛教产生了很大影响。它对现世的肯定衍生出认为现实中的神比佛更优越的中世神道和修验道的理论。

佛教在吸收了神道后虽然形成了神佛合一的体系，却没有将神道解体，而是吸收了它并形成了两者并存的关系。它们与平安时代传统的国家制度的形成过程有些相似。律令国家并没有通过律令制彻底解体氏族制社会，反而是在与氏族制社会相容的过程中逐渐建立的。

梅花向樱花的转换

日本美意识的变化可以通过花来考究。平安前期，在各种花中樱花最受欢迎。当然，奈良时代的《万叶集》中也有一些关于樱花的作品，但是最推崇樱花还是从平安时期的贵族开始的。

樱花是日本列岛自生的植物，而梅花是来自中国的，是在吸收中国文化的过程中带入日本的。梅花最早出现在诗歌集《怀风藻》中，它是日本最古老的汉诗集。梅花出现在诗歌中表明，在梅树传入日本的同时，歌咏梅花的文化也进入了日本。当然，不只是梅花（包括樱花），歌咏花的美丽也是在中国诗歌的影响下开始的。《万叶集》中，只有 44 首歌是咏唱樱花的，而歌咏梅花的却达到 118 首，约为樱花的 3 倍。7—8 世纪时，梅花广受喜爱，特别是天平时期的人们，相对于樱花，他们更喜欢梅花。

进入平安时代后，梅花和樱花的地位开始慢慢地扭转。

紧挨平安宫的南面，有个广阔的神泉苑，它的中心是一个很大的池塘，周围树木繁盛，花鸟群生，是一个乐园，嵯峨天皇很喜欢在那里设宴作诗。

812 年（弘仁三年）二月十二日，嵯峨天皇移驾神泉苑，一边欣赏花草树木，一边让文人们作诗。史书上记载："花之宴会，始于此时。"从季节（西历 4 月上旬）上来推测，这是场赏樱花的盛宴。在《古今集》中，关于梅花的歌有 29 首，而樱花的歌则达到了 53 首，两者的数量之比逆转了。

世上无樱花，春心常皎皎，自从有此花，常觉春心扰。

——在原业平[24]

大地天光照，春时乐事隆，此心何不静，花落太匆匆。

——纪友则[25]

樱花开始取代梅花的代表性事件是，在皇宫的南殿（紫宸殿）栽种梅花树和橘树时，把梅花改成了樱花。这就是“左近之樱，右近之橘”的起源。这个事件发生于9世纪中期，仁明天皇845年（承和十二年）至清河天皇874年（贞观十六年）之间。

唐风影响下的国风化

《古今集》是体现传统审美意识和自然观的典型。它通过生动的作品把自然界的花鸟风月带入人类的世界，让世界更加丰富多彩。但是，《古今集》更倾向于中国的汉诗，热衷于模仿汉诗进行创作，是一部赞美汉文化的诗集。这点不可忽视。

例如，《万叶集》中有很多歌咏梅花的作品，但是，万叶歌人赞美梅花的美，而不赞美梅花的香。然而，中国的诗人既赞梅花之美，也赞美其浓郁的香。模仿中国的诗歌来创造赞美梅花花香的汉诗首先被奈良时期的人们所接受。最早的汉诗集《怀风藻》中就出现了赞美梅花花香的作品。平安初期的汉诗集《文华秀丽集》《经国集》，甚至《古今集》的和歌中都有赞美梅花花香的作品。

平安时代的人们并非不爱好大自然的香味。模仿中国汉诗的题材和表现方式被直接吸收进和歌。不久，受唐诗的影响，梅花的花香变化成了夜幕降临下的“暗香”。

春夜亦何愚，妄图暗四愚，梅花虽不见，香气岂能无。

——凡河内躬恒[26]

从这首歌也可以看出，没有唐风文化的影响，就没有《古今集》的国风世界。这与传统国家制度的形成是相对应的。日本传统的国家制度也是通过以中国的律令为模板来编纂自己的律令制并经过努力实施才建立起来的。

《古今集》是传统美意识的源泉，而给予《万叶集》很高的评价却是从近代才开始的。

假名文字的创造

和歌作为宫廷文学的登场应归功于“假名”的创造和普及。

日本列岛的人们没有自己固有的文字，他们直接使用汉字的读音来标记日语，与汉字的含义没有关系。这就是万叶假名。有名的稻荷山古坟出土的铁剑铭文“获加多支卤（wakatakeru）”大王就是一个使用万叶假名的典型例子。不久，人们开始使用汉字的训读，与意思毫无关系，纯粹用来表音，称为字训假名［如，用“汤目”来表记“ゆめ”（绝对的意思）］。《万叶集》中大部分的作品都是使用正训（基于汉字本来意思的读法）来表记的（例如：用“山”来表记“やま”），即是用万叶假名来创作的。

万叶假名在奈良时代末期逐渐消失，一般更多地使用字画少的文字。进入平安时代后，逐渐使用简化了的草书体，“平假名”开始诞生了。我们将《万叶集》中大伴家持用万叶假名写的歌与《古今集》中纪贯之用平假名写的歌相比较下，就能更深切地体会出创造“平假名”的伟大所在。

都流芸多知 伊与余刀具倍之 伊人小之敝由 佐夜气久於比弓 伎人小之曾乃名曾

（益砺尔剑，益砺尔刀，传来悠古，盛名清操。）[27]

——《万叶集》卷 20-4467

ひとはいさ　心もしらず　ふるさとは　花ぞ昔の　香ににほひける

（故人居故地 心变故难知 唯有梅花在 芬芳似旧时）[28]

平安时代非常流行使用汉文来训读日本语，佛典和汉籍中都开始出现了训点。如果直接使用万叶假名在书页的狭小空间里标记旁注假名或送假名的话，空间不够，也费时。因此，人们开始考虑极度简化汉字，“片假名”应运而生。

日本语的音韵变化

所谓“花虽芬芳终须落”（いろはにほへど　ちりぬるを）——“伊吕波歌”是儿童开始学习写字的习字歌，在中世之后开始普及。“伊吕波歌”出现得比《古今集》晚，但是，《古今集》中的歌都可以用“伊吕波歌”的四十七字和拨音“ん（n）”来书写。

但是，《万叶集》中的歌却不能用“伊吕波歌”的四十八字来表示。比如，《古今集》中的“こひ（恋）”和“こころ（心）”两个词中的“こ”的发音相同，但是在《万叶集》时期却是两个完全不同的音。万叶的歌人们对这两个“こ”是完全分开来说、听和写的。那么，在那个没有录音机的时代，他们到底是如何做到区别的呢？

本居宣长通过仔细研究万叶假名发现，即便是江户时代相同的发音，表音用的万叶假名也会有细微的差异。我们就拿前面的“こひ”和“こころ”两个词来举例说明吧。

“こひ”——古比、古非、古飞、故非、孤悲

“こころ——己己吕、己许吕、许己吕、许许吕

“こひ”的“こ”标注的读音是“古、故、孤”，而“こころ”的“こ”标注的读音却是“己、许”，两者完全不一样，并且绝对不会出现“己比”或者“古孤吕”这样的标注。

为什么会如此分开使用呢？近代国语研究者桥本进吉给出了答案。桥本通过研究中国的汉字发音得出结论，这两个“こ”在奈良时代是不同的两个音。两个“こ”的发音简单来说是分成了甲类和乙类，“こひ”的“こ”是甲类，发“ko”的音，“こころ”的“こ”是乙类，发“kö”（是介于o和u之间的中舌母音）。纪贯之也好，本居宣长也好，还有现在的我们都认为“こひ”和“こころ”两个词中的“こ”的发音是相同的，但是，对万叶歌人而言，它们是不同的。

“こ”的两种发音的差异并不是子音（k）不同，而是母音（o和ö）不同。另外，在aiueo五个母音中，i和e也分为甲类和乙类，如i（甲类）和ï（乙类，介于i和u之间的中舌母音），e（甲类）和ë（乙类，介于a和e之间的中舌母音），是存在区别的。也就是说，奈良时代的标准日本语的母音数不是五个，而是八个（aiïueëoö）。

奈良时代存在的甲类和乙类的母音区别从奈良时代末期开始迅速消失，至平安前期的9世纪中叶就完全没有了。还有，ア(a)

行的“え”（e——用衣、爱、依来标注）和ヤ（ya）行的“え”（je——用兄、江、枝来标注）的区别，奈良时代还存在，直到9世纪还有所遗留，但是到10世纪时也消失了。

当母音中的甲类和乙类，以及ア（a）行和ヤ（ya）行的“え”的区别消失的时候，也正是“伊吕波歌”四十八字出现的时期。日本语中的传统音韵体系以及平假名和片假名都是在这个时期出现的。

走向闭塞的社会

很早以前，朝鲜半岛来的大批移民就将水稻、铁器和文字传入了日本列岛。在8世纪以前，日本列岛还处于移民的高潮期。8世纪后半期，即使日本与新罗的关系紧张，朝廷也还是会向大宰府下达命令，比如对于朝鲜半岛漂来的渔民等，给他们修好船，提供粮食放他们回国，以及对于想“归顺”日本的外来人口，也按照先例给予接纳。

但是，到了9世纪中叶，朝廷又向大宰府下达命令，对于从新罗漂来要求“归顺”的人，一律给予食物后遣返回国。为什么会发生如此变化呢？我们来看看当时的背景。

779年（宝龟十年），新罗最后一次向日本派出使者，之后，日本与新罗正式断绝了外交。但是新罗商人的船只却频繁来日。为了与新罗商人进行贸易活动，九州的土豪和官员中有不少人与新罗的势力相勾结。

进入9世纪，新罗政府的统治开始减弱，出现了像张宝高这样通过贸易积蓄财富然后自立门户、成为海上霸主的人。宝高以朝鲜半岛西南部莞岛上的清海镇为根据地，然后又跨海来到山东半岛附近新罗人的聚居地赤山设立根据地。他也进出日本，从前面提到的筑前长官文室宫麻吕那里得到很多绢，并大量买入唐朝的物品。841年（承和八年），宝高介入新罗王位的继承纠纷，发起叛乱后被杀。两年后，宫田麻吕被定为谋反罪，流放至伊豆国，其实被流放的真正原因在于他与新罗势力私下勾结。

当时的日本朝廷痛感落后于新罗的造船技术，乘风破浪、马力十足的新罗海盗船对日本朝廷来说是个很大的威胁。大宰府附近的博多湾，经常出现新罗海盗船偷袭丰前国进贡租调的船只，很多绢和棉都被抢了。而且，还发生了大宰府的大宰少贰（大宰府的负责官员）藤原元利麻吕与新罗王同谋意图加害国家（朝廷）的事件。

在9世纪之前，朝廷都将“归顺”的新罗人安置在关东和奥羽等边境地区。820年（弘仁十一年），远江和骏河地区的700余名新罗人发起了叛乱。日本对于新罗人的敌视态度越来越强，日本国内的新罗人聚居地弥漫着不安的氛围。

之所以会实施遣返一切新罗来者的政策，除了上述与新罗关系紧张以及对新罗人的敌视态度越来越强之外，背后还隐藏着朝廷内贵族们的国际意识的变化，以及去除污秽意识的增强。

王土王臣思想和驱除污秽

日本的律令国家再小，它也鼓吹自己是拥有属国的帝国。日本朝廷按照中国的“普天之下，莫非王土；率土之滨，莫非王臣”的王土王臣思想，要求新罗对自己称臣，并远征隼人和虾夷地区，妄图将律令制强加于他们。但是，实际上，当时的日本只不过是中国周边的一个小帝国，它的“天下”和“率土”仅限于闭塞的“国土”（大八州）范围之内。而国外广阔的空间范围，应该成为天皇德化影响的对象，即“王化”的对象，却被完全隔离开来。这种现象与当时日本朝廷驱除污秽观念的增强有很大关系。

驱除污秽的观念起源于印度的种姓集团，后逐渐向整个人类社会扩展。《魏志·倭人传》记载，人死后，在入葬前，全家人都必须沐浴驱除污秽。人类死亡、出生、月经，以及家畜的死亡和生产都是污秽的主要来源。驱除污秽的观念在平安前期迅速增强，《延喜式》（10 世纪编纂的律令实施细则）规定，人死后三十天内，产后七天之内，六种家畜（马、牛、狗、鸡等）死后五天之内，出生后三天之内都属于污秽存留期间。在这段期间，被污秽传染的人不能进入皇宫，不能参加祭神活动。

污秽的传染观念在《延喜式》中也有规定。如果甲的家族内有人死亡的话，那么甲的全部家族成员都被传染了污秽。但是，如果不是甲家族成员的乙在这期间来甲的家中坐过，不光是乙本人，连乙的全部家族成员也会被传染。然后，如果再有丙在这期间到乙的家中坐过的话，丙（本人，家族除外）也属于被传染到的人。

驱除污秽的观念是在对来自大八州境外的污秽的恐惧中产生的。例如，872 年（日本贞观十四年），渤海使节抵达日本之时，京都突然开始流行“咳嗽病”，很多人死亡。当时的人认为流行病起因于“外来的毒气”，朝廷就在建礼门前举行了驱除污秽的大祓禊。

虾夷和南岛地区的人们也被认为是处于污秽之地，所以，曾经身为天皇德化对象的他们，后来也被视为被污秽包围的恐怖对象了。

平安前期，朝廷征服了虾夷，至平安末期，又将统治领域扩展到外之滨（津轻半岛陆奥湾一侧的海岸），外之滨可以说是日本国的东部边境。西部边境是鬼界之岛（硫磺岛）。外之滨和鬼界之岛之间的大八州是神佛保护的领域，位于它的外部的虾夷之岛（北海道）和琉球，甚至朝鲜半岛和大陆都被视为污秽之地。

大八州成为一个闭塞的空间，生活在这个空间内的人们逐渐形成共有同一种语言和文化的观念。他们和境内的虾夷族[29]的差异逐渐减小，但是却将境外的阿伊努人[30]视为不同种族，加以区别对待。本土氏族和外来氏族之间的区别也逐渐消失。当然，在大八州内，东西差异也大，存在着各种不同的地域性，但是，从整个人类史来看，这种差异还是相对较小。

一方面，祛除污秽的观念滋生出不受污秽传染的、纯洁的天皇的形象，如前所述，远离世俗政治的幼帝因为远离污秽而更容易受到保护；另一方面，它也导致从制度上规定了一些人必须世代背负着污秽的名声，且因此而受到歧视。

东亚世界的变化

且说，日本国家制度和文化的建立在东亚世界中又占据了什么样的位置呢？现在让我们把目光转向东亚世界的动向。从这个角度再来重新看待日本。

东亚世界中，中国周边的国家通过接受中国皇帝的册封，被纳入以中国王朝为中心的国际秩序中。这些国家在向中国王朝臣服的过程中，纷纷建立了本国王权的组织机构。但是，作为东亚世界中心的唐朝在安史之乱后逐渐走向衰落，以唐朝的权威为后盾的周边各民族的王权统治也开始动摇。

907 年（日本延喜七年），唐朝灭亡，分裂为多个小国。一直到宋朝统一的大约七十年间，这些小国的命运瞬息万变，周边各民族的王权势力也逐渐减弱。另外，在唐朝领域内的外民族开始摆脱中国王朝的支配和统治。

在中国东北部，曾经受到唐朝册封的渤海国随着唐朝的衰亡而衰落，耶律阿保机在统一契丹各部后进攻渤海国。926 年，渤海国灭亡。9 世纪末至 10 世纪初，新罗分裂为新罗、后百济和高丽。935 年，新罗最后被高丽灭亡。在中国的南部，曾由唐朝安南都护府管理的、相当于今天越南的地区，在 966 年自称为大瞿越。在中国的西北地区，被任命为唐朝节度使的党项族拓跋氏于 1038 年建立大夏（后称西夏）。

日本没有受到唐朝的册封，所以，没有受到唐朝灭亡的直接影响，王权统治一直得以维持。但是，据《将门记》记载，939 年（天庆二年），平将门在上野国府自称“新皇”，并回答弟弟的进言说：“当今世界，须是胜者为君。”他以契丹王耶律阿保机征服渤海为例解释道：“我朝尚无先例，但是别的国家有过。”可见，东亚世界体系的解体浪潮也波及了东海的岛国。

东亚的民族

唐帝国的解体不仅动摇了东亚世界中的各个王权，而且在东亚各民族的形成过程中也是一个重要的、划时代的事件。若从漫长的时间轴上概览中国王朝和周边各民族之间的关系，可以发现以唐朝至宋朝的变革期——即10世纪前后为分割线，前后发生了很大变化。唐朝之前的五胡十六国、北魏等北朝的少数民族国家,都是由迁移至中国国内的各少数民族建立的。但是，少数民族国家要想统治中国，也会向中国文化倾斜，积极采用中国的制度。

然而，宋朝以后的辽、金、元、清这些少数民族建立的王朝虽说也吸收了中国的文化和制度，但它们更突出强调本民族的独立性。在人类史上，民族总是处于不断的变动之中，如果用图例来说明的话，东亚各民族的发展以唐—宋时代为分界线，前后有着很大的变化。可以说，经过这个变革期，基本形成了东亚各民族的框架。日本作为一个民族也处于其中。

换个角度来看，现在的中华人民共和国是由汉族和五十五个少数民族构成，共计五十六个民族。但是，令人不可思议的是，唐朝之前的史书中频繁出现的、非常活跃的匈奴、鲜卑、柔然、突厥、铁勒等民族却没有出现在五十六个民族之列。而与此相对的是，宋代以后出现的蒙古、满等族的名字却都在其中。那么，唐朝之前的匈奴和鲜卑族到底发生了什么变化呢？很自然，人们会认为，他们住在中国领域内，可能都成为“汉族”了。这种现象也表明在唐—宋的时期，东亚各民族的基本框架已经形成了。

民族和文字

宋代以后，其周边各民族开始发展自己的民族文化，尤其是在文字方面有很大的发展。在古代的东亚世界，“汉字”是共通的文字。这与以古罗马帝国为中心的西方世界一样，拉丁语是他们共通的语言。中国周边的民族使用汉字与中国建立交流，通过汉字这个媒介物继承和接受中国的文化和制度。

但是，在唐朝走向衰亡的过程中，周边各民族开始创造自己的文字。契丹的“契丹文字”是由表音文字维吾尔文字和表意文字汉字结合而成的。西夏的“西夏文字”全部都是表意文字。日本的“假名文字”也是在这次国际变革中确立的。只有朝鲜和越南的文字出现较晚，韩文（朝鲜文字）出现于15世纪，喃字（越南文字）大约出现于14世纪。这可能是两国与中国的渊源太深的缘故。

9—10 世纪左右，“大和的古典国家制度和文化”的形成也可以称得上是这种国际变革潮流中的一个大事件。

大和的古典国家制度和文化

若将历史上能够作为后来国家制度和文化的基础、且能够按照某种规范意识与后世相联系的国家制度和文化定义为“古典”，那么，大和的古典国家制度和文化便大致包括以下几点：

（1）以天皇为中心，摄政、关白、院（上皇）、征夷大将军等职位代替天皇行使权力。

（2）领域为五畿七道各国（大八州）。

（3）家族制度。

（4）大和语言（母音为五个）。假名和汉字并用。

（5）以神佛合一为宗教意识的基础。以《古今集》为代表性自然观和美意识。

当然，这样的国家制度和文化主要以畿内为中心，在中世—近世期间各地区形成独自文化的过程中，通过与其他地区的交流，逐步向大八州的大部分地区扩展。

前文已详述，大和的古典国家制度和文化是在平安时代形成的。

在这里，我想穿插一个小故事。在京都召开的某个研究会上，我曾做过题为“日本古典国家制度的形成”的报告，讲述了平安时代日本古典国家制度和文化的形成。对于这个问题，一位青年近代史研究者给予了批判：“明治维新时期并没有形成将平安时代的国家制度和文化看作古典的意识，你应该到神武创业（第一代神武天皇即位）和大化改新（律令制的形成）中去寻找规则。”确实，明治维新时期，不论是从天皇亲政来看也好，还是从神佛分离来看也好，更多的是对平安时代的国家制度和文化的否定。正因为那位青年研究者的批判，在本书中，我将“日本的古典国家制度”改成了“大和的古典国家制度”。确实，对近代“日本”而言，平安时代的国家制度和文化并不是“古典的”。

但是，可以说明治时期走向近代国家的日本对平安时代的国家制度和文化进行否定，反而更加证明了日本历史的根深蒂固。而且，这种否定平安时代的动向从近世就开始了。众所周知，近世的国学者就对《万叶集》进行了重新评价，也重新解读了《古事记》。明治国家成立时最早的宣言“王政复古令”也提出回归神武创业的辉煌，据说是岩仓具视采纳了国学者玉松操的建议。正因为要走出一条不同于以前的路，才必须到神话世界这样的顶端去寻找“复古”的典范。对近代的“日本”而言，平安时代的国家制度和文化不应该是“古典的”。但是，不论近代日本如何在理念上否定平安时代，平安时代确立的国家制度和文化是在与中世—近世的国家制度和文化相融合的过程中，一点一点地滑入近代的。推进明治维新的萨摩和长州两藩的下级武士都出身于五畿七道各国，基本上还是在以天皇为中心的大和古典国家制度的范围内活跃的。

【补记】第 163 页的“新皇统的成立”到第九章为止一直写作“新王朝的成立”。主要是为了区别于中国的王朝更替，才将“王朝”改写为“皇统”的，因为中国的王朝更替是王权易主给出身于不同父系的集团（易姓革命）。

终 章 大和与“日本”

“日本”是王朝的称呼

本书是从山上忆良的和歌为什么将“日本”读作“ヤマト（yamato）”这个问题出发的。最后，让我们再次整理一下与“日本”这个国号有关的问题。

首先需要确认的是，自大宝年间的遣唐使到现在，一直作为国号对外使用的“日本”，原本是大和王朝的名称，指的是“太阳的子孙所治理的日出之国”。

江户时代的本居宣长曾经尖锐地指出这个问题。宣长在《古事记传》的开篇写了一篇题为“书纪之论”的文章，对《日本书纪》进行了批判，表示首先无法接受这个书名。也就是说，《日本书纪》是仿照中国的正史编纂的，因为中国出现过王朝的更替，所以有《汉书》《晋书》等以王朝的称呼来命名的史书，而日本一直是由“天的子孙”（天皇）统治的，所以不应该命名为《日本书纪》。他认为，这个书名是“对应中国的称呼”，是受汉文化影响的坏毛病。

实际上，《日本书纪》是一本在对中国的强烈意识下形成的书。“日本”这个词语，就如本居宣长指出的那样，原本是对大和王朝的称呼。在中国的观念中，中国皇帝册封和任命了各地的国王，但却没有任命日本的天皇。所以，天皇原则上被认为是（东海小国的）“天下的天子”，“天皇”就不是单纯的“王”（中国的律令制规定，“王”是皇帝赐给的一种爵位，与公、侯、伯、子、男并列）。但是，在以中国（中华）为中心的国际秩序中（华夏秩序的世界），天皇是东部蛮夷之地的小国（日本国）的王，所以，大宝年间的遣唐使自称是“日本国的使者”，“日本”成为天皇所在王朝的名称的同时，也成为了东亚世界中的一个国名。

从中国方面以及从构成以中国为中心的东亚世界秩序的各国来看，“倭”是种族的名称（广义上的），而“日本”原则上是天皇所在王朝的名称。第四章介绍了朝鲜的《三国史记》，该书将“日本国”的朝廷贵族写成“倭人”，也就很清楚地说明了上述事实（第 81 页）。

还有，在中世后期的东海沿岸区域，一些被称为“倭”和“倭人”的人经常越过边境为非作歹，但是，这里的“倭”不能等同于“日本”，它只是一个用来指代边境一带的人的词语。像这种对“倭”的用法，恐怕与前面提到的将“倭”用于种族名称有关联。同时，我们也应注意到，出于对“倭人”的行为的反抗——这个词被染上了蔑称的色彩。

原本是王朝名称的“日本”，因为以天皇为核心的国家制度的存续，一点一点地变成了一个国家的对外称呼。室町时代，明朝皇帝曾册封幕府将军足利义满为“日本国王”，江户时代的将军也被称为“日本国王”，都是其中的一个例子。而且，“日本”还出现在近代“大日本帝国”的称呼中。古代王朝的名称一点一点转变为近代国家的名称，可以说，这是日本国家制度的基础。

ヤマト（yamato）、倭（和）、日本

在上述基础之上，我们可以重新认识一下“ヤマト（yamato）”、“倭”（和）、“日本”的表现形式和表示方式。

大宝以后，“日本”成为对外使用的“国号”，所以，一些对外意识强烈的书籍上都会冠以“日本”二字。例如，以《日本书纪》为代表的六国史的书名中都含有“日本”这个国号（《续日本纪》《日本后纪》《续日本后纪》《日本文德天皇实录》《日本三代实录》）。平安初期编集的《日本国现报善恶灵异记》（即《日本灵异记》）也是如此。“为什么只尊重他国的传说，而不信任自己本国的奇迹呢？”这样的反问更反映出当时强烈的对外意识。

但是，这样的例子只是少数。在奈良和平安时代，几乎没有把“日本”作为形容词的词语。例如《古今和歌集》的序是由假

名和真名（汉字）两种文字写成的,但是只出现了“和歌”的字样,而没有“日本歌”的说法。

夫和歌者，讬其根于心地，发其华于词林者也。

再看下其他例子，如“和音、倭音”“和语、倭语”“和名、倭名”“和方”等，都没有使用“日本”二字（同时也有直接用假名书写的词语，如“やまとえ”“やまとごころ”“やまとたましひ”“やまとこころばえ”“やまと琴”“やまと相”[31]等）。“和”与“倭”同音，但比“倭”更文雅，所以经常和“倭”一起使用。畿内的国名也是从“大倭国”改成“大和国”的。

当然，把“日本”作为形容词的词语也并非完全没有。例如，我在序章里提到的,《万叶集》卷五中的“日本挽歌”就是山上忆良为纪念大伴旅人死去的妻子而作的一首长歌的题名，相对于中国的挽歌而言，它指的是大和的挽歌。同为卷五出现的“日本琴”,原本写在大伴旅人随大和琴赠给藤原房前的一封信上。但是，忆良和旅人是特例，忆良自身在晚年时，对“日本”国号的关心也越来越淡了。这在前面已经讲到过（第15页）。

奈良和平安时代的贵族对“日本”的表示方式显得漠不关心。当陆奥国献上出土黄金时，圣武天皇在东大寺卢舍那佛前殿上命人宣读的诏书中写道：

“此大倭国自天地开辟，黄金虽有，皆他国进献而来，因之念及斯地乃无此物。”

这里还是将国名写成“大倭国”，而不是“日本国”。即便当时有着强烈的对外意识，这份诏书中还是没有将国名写成“日本”。

大和（yamato）与日本（nippon、nihon）

“日本”这个词是用来表示大和的，这里的大和包含两种意思：一种是狭义上的，指王朝所在地，另一种是广义上的，指大和朝廷统治下的大八州。我在序章中列举过，大伴旅人有一首歌名为“日本道”，指的就是狭义上的大和。但是，也像我在序章中讲过的那样，山上忆良的和歌作品中，有将“日本”训读为ヤマト（yamato），也有读成ニッポン（nippon，或ジッポン，jippon）的。广义上的“日本”可能也有音读的发音。那么，“日本”原本是用来表示训读还是音读的呢？

这是个难题。例如，前面讲到的“日本挽歌”，它是读成“ニッポン挽歌”还是读成“ヤマト（yamato）挽歌”呢？我不知道。但是，《日本书纪》等书名中的“日本”是音读的，作为对外使用的国号“日本”一般也是音读的。

恐怕是在面对像元寇（蒙古来袭）这样的外来危机时，“日本”更多地按照音读来发音。但是，在北畠亲房的《神皇正统记》开头部分却出现了“大日本者，神国也”这样的句子，这里的“大日本”既可以读成“ダイニホン（dainihon）”，也可读成“オホヤマト（ohoyamato）”。镰仓时代也出现了含有“日本”二字的词语，如“日本一の剛の者（日本第一的刚猛之人）”(《平家物语》)，但是数量非常少。

按照音读来拼读“日本”二字的词语（包含固定名词）开始增加（除“日本国”“日本人”和书名外）——这种情况出现在战国至江户时代。例如，丰臣秀吉出兵朝鲜时建造的“日本丸”、一种名叫“日本前”的朱印船、1603年（庆长八年）在江户建造的“日本桥”、净琉璃节目《国姓爷合战》中的“日本流”、西鹤的《好色一代男》中的“日本物”、大盗贼“日本左卫门”（歌舞伎中称为“日本太右卫门”)、天桥立·严岛·松岛等“日本三景”、俳句·川柳等艺术形式中的“日本晴”等等，都属于这类例子。可以看出，江户时代出现了很多这样的词语。

但是，虽说都是按照音读来拼读的，也会产生究竟是读成ニッポン（nippon）还是ニホン（nihon）的问题。室町时代谣曲的词章是可以直接在文献中确认读音的，在里面我们发现，面对汉人（中国人）时多读成ニッポン（nippon），面对日本本土人时，多读成ニホン（nihon）。在狂言[32]中，读成ニッポン（nippon）的较多。在基督教的一些(使用罗马拼音的）文献中，也有读成ニホン（nihon）的，但还是读成ニッポン（nippon）的多。近世以后，ニッポン（nippon）和ニホン（nihon）两种读音都被采用[在近代的1934年（昭和九年），文部省临时国语调查会曾建议统一使用ニッポン（nippon）的发音，之后又提交到帝国议会讨论，但是没有结论。战后还继续进行过讨论，但现在还是两者都使用]。另外，补充一句，马可·波罗《东方见闻录》中的“ジパング（jipangu）”这个发音来自“日本国”的中文发音。而现在通用的“ジャパン（jyapan）”这个发音则来自葡萄牙人传入欧洲的“日本国”的中文发音。

日本和“日之本”

另外，在这里，我还想讨论一下“日本”这个国号来源于词语“日之本（ひのもと）”这种自古便有的说法。《万叶集》序章中的一首歌写道：“日本之 山跡国乃（ひのもとの やまとのくにの）。”（《万叶集》卷3-319）据此便出现了先有“日之本（ひのもとの）”这个枕词，后从中诞生了“日本”这个国名的说法。

但是，《万叶集》中与大和有关的枕词，只有“空御津”“敷岛之”“吾木津岛”在初期出现过，而“日之本”只在奈良时代前半期的歌中出现。从这里可以看出，“日之本”是在“日本”

国号成立后不久产生的一个新的枕词。

另外，从“日本”二字的训读中产生的“日之本”这个词语，若从畿内的都城来看，它表示的是东方，即东国、虾夷之地，并且成为了象征东国自立的词语。非常有代表性的是，室町时代，虾夷系谱中的安倍氏和安东氏就被称为“日之本将军”。

可以看到，“日本”这个词既可按照训读来读，也可按照音读来读，还会与其他词语构成合成词，慢慢地扎根于日本社会。但是，必须注意到，即使是在江户时代，依然还是使用“大和”以及“和（倭）”的词语更多。例如，在最基础的词语中，经常可以看到“大和词汇”“和语（倭语）等，“日本语”这个词在江户时代并没有出现。将外语译为日本语时，一般都称之为“和解”（例如，江户时代有名的兰和[33]词典《波留麻和解》）。近世之前，还是使用“大和”以及“和（倭）”的词语更多，“大和”“和（倭）”是基础。

这个问题成为考究日本列岛历史的重要线索。因为，在江户时代，琉球的人们将本州、四国、九州等地称为“ヤマトゥ（大和）”，将那里的人们称为“ヤマトゥンチュ（大和群）”，将从萨摩来的船称为“ヤマトゥ船（大和船）”，这是因为琉球并不是大和（同样，江户时代的阿伊努人，把琉球人眼里的大和群称为シサム（邻居的意思）和シャモ）。

“日本”和天皇

虽然“日本”这个词既可以训读也可以音读，但是，从整体来看，还是从训读的发音ヤマト（yamato）发展到音读的发音ニッポン（nippon）和ニホン（nihon）的。如此一来，“日本”就很自然地成为了近代国民国家的名称了。“日本”（ニッポン、ニホン）这个词语也就从大和的框架中解放出来了。

训读为ヤマト（yamato）的“日本”，意为天皇所在王朝的名称。而且，只要训读为ヤマト（yamato），人们就会一直意识到以天皇为核心的大和国家制度的存在。反之，如果按照音读读成ニッポン（nippon）和ニホン（nihon）的话，大和的存在就会模糊不清。而且,大和之外的地域也更容易接受ニッポン（nippon）和ニホン（nihon）这种读法。

即便如此，以天皇为核心的国家制度为什么没有经过变革就结束了呢？长期以来，在讨论天皇制时，人们总是关注于天皇本身，关注于天皇存在的原因和必然性。这样，我们就无法抓住问题的核心。以天皇为核心的大和国家制度的存续才是问题的关键。而且，在它存续的背景中，日本列岛的国际和地理环境与当时的国际形势等偶然性因素——这些因素相对于日本列岛的内在因素而言是外在因素——是有很大关联性的，这点不容忽视。

实际上，我们追溯一下历史的场景，就会发现，以天皇为核心的国家制度其实有很多次发生变革的可能，例如镰仓时代的蒙古来袭、战国时代、1945 年战败，等等。假如蒙古人占领了京都，可能就会完全改变这个列岛的历史。战国时代也存在变革的可能（当然也可以说，这个时期天皇之所以能够继续存在，是因为这些战乱是发生在以天皇为核心的大和国家制度的框架之内的）。还有，在 1945 年，如果占领东日本的不是美国而是苏联……当然，这样的假定是没有意义的。

“日本史”是什么?

现在的日本史概论和教科书都会在大和的日本史中加入琉球和阿伊努的历史。它与近代以前以大八州为舞台的日本（大和）的历史不同，也与近代将台湾、萨哈林（桦太）以及朝鲜纳入自己支配下的日本帝国的历史不同。它是 1945 年以后的历史。

像这样的历史之所以能被大家接受，是因为它是一本国民国家的历史书，是在现在日本的领域内展开的历史。除此之外，还有两个理由：

第一，阿伊努和冲绳人民在远古的绳文时代，与大和人民是同一人种，拥有共同的绳文文化。

第二，近代日本对台湾、朝鲜、中国东北部的侵略以及在第二次世界大战中对东南亚等地的侵略是不能容忍的行为，最后因为日本战败，不如说是回归了正常状态。

第一个理由属于自然人类学和考古学的成果，我不敢妄加评论。然而，相对于日本本土语言而言，琉球的语言被称为琉球方言，同属于日本语。但是，阿伊努语则属于其他语系。这又是怎么一回事呢？还有，阿伊努文化也分布于千岛列岛，并不在现在日本的领域范围内，而是拥有自己的领域。对此又该如何考虑呢？

前面讲过，江户时代的琉球人称本州、四国、九州等地为大和，称这些地方的人们为大和群，视大和为不同于自己的另外一个世界。这点我们必须注意到。虽说两者在语言方面存在着共性，比如都使用假名文字等，在文化和政治方面也都有联系，但是，在琉球人中间，却基本不存在构成一个“民族”（ethnos）最重要的因素，即“我们的意识”。琉球王国的王城（首里城）的正殿悬挂了一口 1548 年铸造的钟，上面的铭文内容大意如下：

> 琉球王国是南海胜地，它拥有三韩之秀丽，与明朝辅车相依，与日域（日本）唇齿相依。位于两国（中国和日本）之间，宛若蓬莱仙岛。

上文中的“辅车”指的是车夹木和车，它与“唇齿”一样，都表示关系密切的意思。对于琉球王国来说，中国（明朝）和日本都是非常重要的对象，并没有只归属日本的意思。

另外，在第二个理由中，日本意识到对朝鲜和中国的侵略行为是不可容忍的，但是在对待阿伊努和琉球的问题上又是如何做的呢?

现在的日本史概论之所以能在不遭受强烈抵抗的情况下被人接受，其中一个很大原因是大和（日本）是以现代国民国家“日本”的中心部分为领土版图的。

从人类史来看，平安时代以后的日本列岛在人口和政治方面的变化都很少。而与日本在基础文化方面存在很多共同点的泰族，经过长年跋涉，移居到中国的南面，形成了现在的泰国。像泰族这样的历史在人类史上绝非特例。

还有与日本列岛相邻的朝鲜半岛，它也是人口移动相对较少的地区。但是，朝鲜半岛各国的历史，并不是像现在的国家框架这么简单。例如，对于第七章中谈到的渤海国，现在的韩国、北朝鲜和中国的历史书中存在着不同的见解。总之，韩国、北朝鲜把它作为高句丽的后裔，视为朝鲜史的一部分；而中国则把它作为中国东北部建立的靺鞨国，纳入到中国史中。像这样的不同见解，是在国民国家的意识下叙述历史时必然产生的现象，这种见解的对立在人类史上经常出现。大家都没有注意到日本史中的同类问题，可能是因为相对于整个人类史来说，它显得微乎其微。但是，从本质上来看，“日本史”中还是存在同类问题的。

最典型的就是琉球王国的问题。明治十年代（1878—1888），围绕琉球王国在继续同属于日本和清朝的同时维持独立的问题，日本和清朝之间有过激烈的争端。清朝想继续保持对琉球的册封，而日本则想将琉球王国纳入自己的支配之下。在这个交涉过程中，明治政府通过与清朝达成改正条约的交涉，提出将宫古和八重山各岛屿割让给清朝，暂时缔结了琉球分割条约案。虽然清朝并没有在这个条约上签字，而日本因为甲午战争的胜利最终得到了琉球，但是，当时确实曾经存在过令“日本”的领域与现在不同的可能性。

今后的课题

人类学学者关本照夫认为，日本研究是很难做的。他提出了以下见解：

> 对于日本史＝日本国史＝日本人史这个等式的核心，若不参考社会的常识和意识形态，而仅在学问方面进行相对性考究，绝非一件容易之事。因为世界上只有极少数的事例可以作为我们的研究对象。

本书不过是将日本放在人类史中做相对化研究的一种初步尝试。由于我的能力有限，几乎没有涉及自古开始研究的问题与现在的国民国家“日本”之间的联系——这是一个更为重要的问题。它将成为今后的课题。

后　记

在阅读了本书的草稿之后，一位读者首先提出了自己的感想："日本仍然是一个特殊的国家啊。在这点上，与皇国史观还是有类似之处。"所谓的皇国史观认为，日本是世界上稀有的、万世一系的天皇制国家，日本历史的本质源自于此。这个历史观盛行于第二次世界大战期间。当然，在这里本书被认为"类同于皇国史观"，并非指的是意识形态方面，而是一种比喻，是说这种历史观突出强调了日本的特殊性。

在听到这个评价的瞬间，我惊呆了，因为这个评价完全违背了我的初衷。但是，重新思考一下，也不是不能理解这种感想。为什么这么说？因为一直以来都有人提出为什么天皇制度可以延续至今这个问题。我在最后一章里也提到了，以天皇为核心的制度曾经出现过变革的可能，但是最终没有实现。当然，历史研究的任务就是立足于现在，回顾过去，确认事实，分析和讨论历史发展的意义所在。结果就是强调了天皇制度存续的事实。虽然说一些地方看起来的确与皇国史观相似，但我们的立场是完全不同的。

我的本意是想提出"日本"的相对性，可笑的是，结果却成了强调"日本"的特殊性了。然而,这反而折射出一个非常重要的问题。

正因为想提出相对性，所以才必须抓住它的个性。历史原本就具有个性。但是，皇国史观的理论过于美化自己的国家，主张本国优越于其他国家，从个性方面来考虑的话，皇国史观的目的更在于主张本国的优越性。在深刻认识到这种历史观的危险性后，战后的历史学家注重将世界史的基本法则纳入到日本史的研究中，尽量规避对日本史的个性和特殊性的探究。这里我反复想强调的也是，正因为想探究“日本”的相对性，所以必须确认它的个性。只有这样，才能克服皇国史观的影响。

近年来，日本史学界从地域、产业、阶层、性别等多个视角展开了对日本列岛的历史和文化研究，且研究成果颇丰。但是，这些研究是在整个人类史中提出日本历史的相对性，对这种观点我却不能认同。

还有，一些放眼世界历史的研究，如“环东海区域”“环日本海区域”和“环鄂霍次克海区域”研究，从多个角度、更丰富地捕捉到日本列岛的历史。但是，我们容易提出疑问，这些研究方法在国家制度的研究方面究竟能够辐射多远呢？

日本列岛的历史和文化，与地球上其他区域的历史和文化一样，存在很多共通点，但是，从总体来看，它还是具有明显的特色和个性的。简而言之，本书主要讲述了以天皇为中心的大和（日本）的古典国家制度是怎样在与中世、近世的国家制度相重叠的同时，作为国家存在的基础一直延续至近现代的。而且，国际交流（包括人、物、信息等广义上的交流）作为促使日本这种具有个性的国家制度延续至今的基础原因，以前虽然受限于日本列岛的地理环境，现在却正在以史无前例的速度发生巨变。与强调大和（日本）历史和文化的多样性相比，我们不是应该更加关注这个问题吗？

在完成本书的草稿后，我第一次来到了冲绳。虽然在书中写明了中世至近世的琉球国不属于“大和”时期的日本，但是，现在日本国内的冲绳问题是无法回避的。

回顾琉球—冲绳的历史，大和（日本）对琉球的侵略是毫无争议的事实，但是，大和（日本）自身的历史就是从对虾夷、隼人的武力侵略开始的，也就是所谓的“中央”对“地方”的侵略历史。琉球因为处于远离“中央”的“边境”地区，所以极具特殊性，也反映出它的历史的重要性。

现在，面对该问题的复杂性和高难度，我畏缩不前，但是我还是觉得琉球—冲绳和五畿七道各地是有很大差别的。在解答这个问题的过程中,我重新深化和改编了本书的立论——“大和（日本）的古典国家制度、文化”。

问题的核心是，在国民国家井然有序的国际社会中，在保持“大和（日本）的古典国家制度、文化”的相对性的同时，如何构建一个包含“大和的日本”之外的人的、崭新的“日本国”的身份。我在认识到这个课题的重要性的同时，也深刻感到自己无力从正面攻克这一课题。

本书的书名是“日本的诞生”，但是，我原定的题目是“日本的形成”。可是，如果以“日本的形成”为书名的话，就必须把现代部分的历史纳入进去，这超出了我的能力范围，所以最后定名为“日本的诞生”，并将其作为“日本的形成”的序说。

执笔本书之时，我得到了各位前辈、同事和青年研究者的帮助。本书虽然是一部新书，但只列出了部分参考文献，未能做到详尽列举。在此向他们一并表示感谢。

秋山百合子、大津透、田原嗣郎、广濑铁夫、矢岛泉等各位同仁给本书的草稿提出了宝贵的意见，但是，由于我能力有限，未能全部按照其意见进行修改，在此表示歉意。岩波书店编辑部的井上一夫先生围绕本书的主题和框架提出了诚恳的意见。还有，宇都木章先生等很多同仁都给我提出了宝贵意见，在此深表谢意。

1997 年 5 月

附 录

译 注

1. ヤマト，罗马音为“yamato”，一般写作“和”或“倭”。

2. 大伴旅人（665—731），奈良时代初期的政治家、歌人、与山上忆良共同形成“筑紫歌坛”。

3. 枕词，冠词。（日本）见于古时歌文中的修辞法之一，尤指和歌等中，冠于特定词语前而用于修饰或调整语句的词语。

4. 写作假名为“ヒノモト”。

5. 李濯凡著:《万叶诗情 日本〈万叶集〉和歌及其歌人》，世界知识出版社，2014 年 4 月，第 166 页。

6. 音读（音読み / おんよみ）即汉字在日语中按照日语的规则读出来,叫音读；只取汉字义，发音按照固有词的，叫训读。

7. 指《古事记》和《日本书纪》。

8. 钱稻孙译:《万叶集精选》，中国友谊出版公司，1992 年，第 132 页。

9. 准，亦称箕准（？—前 194），朝鲜王。西汉初年，燕人卫满投奔箕氏朝鲜，箕准让他在西境驻守。而卫满在前 194 年推翻他而自立为王，箕氏朝鲜从此灭亡。

10. 淡海三船，奈良时代的文人、学者，皇族出身，曾用称号“御船王”，后被降为臣籍，赐姓“淡海真人”。

11. 钱稻孙译:《万叶集精选》，中国友谊出版公司，1992 年，第 2 页。

12. 国造，古代日本行政机构中负责治理地方的官职。最初是拥有军事权和裁判权的地方统治者，大化改新之后成为主管祭祀的名誉职位。

13. アメタラシヒコ：来自于天上、血统尊贵的男性的意思。

14. 臣，日本古代世袭贵族的称号。

15. 连，日本古代世袭贵族的称号。

16. 齐明女皇，即皇极天皇，日本第 35 代和第 37 代天皇，女天皇（第一次在位期间：642 年一月十五日至 645 年六月十四日，第二次在位期间：655 年一月三日至 661 年七月二十四日）。

17. 杨烈译:《万叶集・下》，湖南人民出版社，1984 年，第 775 页。

18. 钱稻孙译:《万叶集精选》，中国友谊出版公司，1992 年 1 月第 1 版，第 27 页。

19. 钱稻孙译:《万叶集精选》，中国友谊出版公司，1992 年 1 月第 1 版，第 66 页。

20. 钱稻孙译:《万叶集精选》，中国友谊出版公司，1992 年 1 月第 1 版，第 26 页。

21. 位，日本古代，根据 701 年的《大宝律令》和 718 年的《养老律令》制定的官吏品阶制度，规定亲王分为“一品”至“四品”共 4 级，诸王为“正一位、从一位”往下至“从五位下”共 14 级，百官为“正一位、从一位”往下至“少初位下”共 30 级。

22. 隼人地区，隼人（はやと）是古代日本九州岛西南地区的原住民，大和王国时期被和人当作异族人看待。“隼人”一词在平安时代初期的史料中曾多次出现。

23. 孝谦上皇，749 年圣武天皇退位，阿倍内亲王即位，是为孝谦天皇。758 年，孝谦天皇让位淳仁天皇，称孝谦上皇。764 年，孝谦上皇重祚为称德天皇。

24. 纪贯之:《古今和歌集》，杨烈译，复旦大学出版社，第 17 页。

25. 纪贯之:《古今和歌集》，杨烈译，复旦大学出版社，第 24 页。

26. 纪贯之:《古今和歌集》，杨烈译，复旦大学出版社，第 15 页。

27. 钱稻孙译:《万叶集精选》,中国友谊出版公司,1992 年 1 月第 1 版,第 276 页。

28. 纪贯之:《古今和歌集》，杨烈译，复旦大学出版社，第 15 页。

29. 虾夷族，虾夷人亦译阿伊努人，住在北海道、库页岛和千岛群岛的民族。

30. 阿伊努人，（阿伊努语：Ainu），或翻译成爱努人、爱奴人、阿衣奴人，居住在俄罗斯库页岛和日本北海道。

31. 依次为大和绘、大和心、大和魂、大和趣味、大和琴、大和相。

32. 狂言，是一种兴起于民间，穿插于能剧剧目之间表演的一种即兴简短的笑剧，是猿乐能与田乐能的派生物。

33. 兰和，指的是荷兰和日本。

参考文献

本书执笔所参照和引用的著作、论文按照章节的顺序排列如下（包含我自己的著作和论文）。另外，由于纸张的限制，我只列出了重要的参考著作和论文，在此请给予包涵。还有，对于多次参照和引用的著作和论文，我只在参照和引用较多的章节里列出。

与本书有关的著作、论文

1. 西嶋定生:《中国古代国家和东亚世界》，东京大学出版会，1983 年

2. 堀敏一:《中国和古代东亚世界》，岩波书店，1993 年

（大津透:“同书书评”,《思想》851 号，1995 年）

3. 石母田正:《日本的古代国家》，岩波书店，1971 年

《日本古代国家论 第一部》，岩波书店，1973 年

《日本古代国家论 第二部》，岩波书店，1973 年

4. 井上光贞:《日本古代国家的研究》，岩波书店，1965 年

5. 岸俊男:《日本古代文物的研究》，塙书房，1988 年

6. 平野邦雄:《大化前代政治过程的研究》，吉川弘文馆，1965 年

7. 汤浅泰雄:《日本古代的精神世界》，名著刊行会，1990 年

8. 纲野善彦:《日本论的视座》，小学馆，1990 年

9. 吉田孝:《律令国家和古代的社会》，岩波书店，1983 年
10. 荒野泰典、石井正敏、村井章介编:《亚洲中的日本史（全六卷）》，东京大学出版会，1992—1993 年
11. 田村晃一、铃木靖民编:《从亚洲看古代日本（新版・古代的日本 2）》，角川书店，1992 年

序章

1. 东野治之:《遣唐使和正仓院》，岩波书店，1992 年
2. 佐伯有清:《日本古代氏族的研究》，吉川弘文馆，1985 年
3. 森浩一编:《倭人的登场（古代的日本 1）》，中央公论社，1985 年
4. 江湖山恒明:《国语表现论的构想》，明治书院，1981 年
5. 川口常孝:“‘去来子等早日本边’歌的背景”，《人麿・忆良和家持之论》，樱枫社，1991 年

一章

1. 朝鲜史研究会:《朝鲜的历史・新版》，三省堂，1995 年
2. 石井米雄、樱井由躬雄:《东南亚世界的形成》，讲谈社，1985 年
3. 吉田孝:“倭国王帅升是渡来人吗”，《日本历史》573 号，1996 年

二章

1. 大庭脩:《亲魏倭王》，学生社，1971 年

2. 吉田晶:《卑弥呼的时代》，新日本出版社，1995 年

3. 裘锡圭:“啬夫初探”，《古代文史研究新探》，江苏古籍出版社，1992 年

4. 西村敬三:“关于卑弥呼的遣魏使‘都市牛利’”，《季刊邪马台国》55 号，1994 年

5. 吉田孝:“魏志倭人传的‘都市’”，《日本历史》567 号，1995 年

6. 都出比吕志:“日本古代的国家形成论序说”，《日本史研究》343 号，1991 年

7. 武田幸男:“三韩社会的辰王和臣智”，《朝鲜文化研究》2、3 号，1995、1996 年

三章

1. 武田幸男:《高句丽史和东亚》，岩波书店，1989 年

2. 李成市:“表象的广开土王碑文”，《思想》842 号，1994 年

3. 古田武彦:《被丢失的九州王朝》，朝日新闻社，1973 年

4. 武田幸男:“朝鲜的姓氏”，《东亚世界中的日本古代史讲座 10》，学生社，1984 年

四章

1. 砺波护、武田幸男:《隋唐帝国和古代朝鲜（世界的历史 6）》，中央公论社，1997 年

2. 东潮:《高句丽考古学研究》，吉川弘文馆，1997 年

3. 关晃:《归化人》，至文堂，1956 年

4. 青木和夫:“古代日本的国际关系”，《东洋文化和日本》，Pelikan 社，1975 年

5. 加藤晃："日本的姓氏"，《东亚世界中的日本古代史讲座 1》，学生社，1984 年

五章

1. 池田温编：《中国史 2（世界历史大系）》，山川出版社，1996 年

2. 吉村武彦：《古代王权的展开（日本的历史 3）》，集英社，1991 年

3. 直木孝次郎：《古代日本和朝鲜・中国》，讲谈社，1988 年

4. 青木和夫：《日本律令国家论攷》，岩波书店，1992 年

5. 稻冈耕二：《人麻吕的表现世界》，岩波书店，1992 年

六章

1. 岩桥小弥太：《日本的国号》，吉川弘文馆，1970 年

2. 大和岩雄：《"日本"国是何时形成的》，大和书房，1996 年

3. 荣原永远男：《日本古代钱货流通史的研究》，塙书房，1993 年

4. 山口瑞凤：《吐蕃王国成立史的研究》，岩波书店，1983 年

七章

1. 东野治之：《正仓院文书和木简的研究》，塙书房，1977 年

2. 铃木靖民：《古代对外关系史的研究》，吉川弘文馆，1985 年

3. 井上章一：《法隆寺的精神史》，弘文堂，1994 年

4. 李成市："古代史中国民国家的故事"，《世界》611 号，1995 年

5. 岸俊男：《藤原仲麻吕》，吉川弘文馆，1969 年

八章

1. 早川庄八:《日本古代官僚制的研究》，岩波书店，1986 年

2. 大津透:《律令国家支配构造的研究》，岩波书店，1993 年

3. 桥本义彦:《平安贵族》，平凡社，1986 年

4. 笹山晴生:《平安的朝廷——其光和影》，吉川弘文馆，1993 年

5. 村井章介：“王土王民思想和 9 世纪的转换”，《思想》847 号，1995 年

6. 小岛宪之:《古今集以前》，塙书房，1976 年

7. 石见清裕：“唐代的国家和‘异民族’”，《历史学研究》690 号，1996 年

终章

1. 吉田澄夫：“室町时代以后的国号称呼”，《近世语和近世文学》，东洋馆出版社，1952 年

2. 阿苏瑞枝：“枕词和地名——关于‘大和’的枕词”，《东亚的古代文化》64 号，1990 年

3. 大隅和雄:《叙述故事的日本历史》，Société 社，1988 年

4. 我部政男：“从琉球到冲绳”，《岩波讲座日本通史・近代 1》，岩波书店，1994 年
   关本照夫：“日本的人类学和日本史学”，《岩波讲座日本通史・别卷 1》，岩波书店，1995 年

写在岩波新书新赤版第 1000 部出版之际

一个时代结束了——人们这样说已经很久了。但是，今后又将是怎样的时代呢？我们甚至连它的轮廓都描画不出来。从 20 世纪带来的许多课题还未能找到解决的办法，21 世纪又出现了不少新的问题。国际资本主义的渗透，连续不断的仇恨，暴力的回应——世界处于混沌和严重的不安之中。

在现代社会，变化已是常态，快而新带来绝对的价值。消费社会的深化和信息技术的革命消除了各种界限，已经彻底改变了人们的生活方式和交流方式。生活方式越来越多样化，一个人人都可以选择各自的生存方式的时代已经到来了。但同时新的不平等也产生了，各个阶层的龟裂和分化越来越严重了。人们对社会和历史的认识开始动摇，对于普遍性的理念产生根本性的怀疑，对于改变现实的无力感在悄悄蔓延。一个任何人都感觉难以生存的时代已经到来了。

然而，在日常生活的各种场合，通过争取并实践自由和民主主义来超越这种闭塞、开启一个希望的时代，也不是不可能的。为此，我们现在应该做的，就是在个人与个人之间不断地进行对话，每一个人都坚持不懈地思索：要想像真正的人一样生活，我们需要哪些条件？我们认为，只有文化修养能成为这种探索的食粮。历史是什么？怎样才能更好地生存？世界以及人类应该向何处去？——正是对这些根源性问题的不断探索造就了文化和知识的厚重，化为修养且作为基础支撑着个人和社会。诚然，岩波新书自创刊以来一直追求的，就是为修习这些文化知识指引方向。

岩波新书赤版创刊于1938年11月，中日战争已酣之际。其发刊词主张，因为忧虑日本的不遵循道义精神的行为，因为要告诫人们还欠缺批判精神和富有良心的行动，所以这套丛书将以培养现代人的现代性修养为目的。后来又出版了青版、黄版、新赤版，总计2500多部作品。今天我们迎来了新赤版的第1000部作品。以此为契机，我们将再次确认人们对理性和良知的信赖，抱着继续培育被理性和良知所验证的文化的决心，装帧新版本，踏上新的征程。我们热切希望一册册新书带来的新风能吹到尽可能多的读者身边，并能丰富人们对于充满希望的新时代的想象。

2006年4月

图书在版编目（CIP）数据

日本的诞生 /（日）吉田孝著；周萍萍译. -- 北京：新星出版社，2019.1
ISBN 978-7-5133-3125-8

Ⅰ. ①日… Ⅱ. ①吉… ②周… Ⅲ. ①日本－历史
Ⅳ. ①K313.0

中国版本图书馆 CIP 数据核字（2018）第 154751 号

日本的诞生
[日] 吉田孝 著
周萍萍 译

责任编辑 汪 欣
特邀编辑 高 云
装帧设计 周伟伟
内文制作 李 娜 代丽丽
责任印制 史广宜

出　　版 新星出版社 www.newstarpress.com
出 版 人 马汝军
社　　址 北京市西城区车公庄大街丙 3 号楼 邮编 100044
电话 (010) 88310888 传真 (010) 65270449
发　　行 新经典发行有限公司
电话 (010) 68423599 邮箱 editor@readinglife.com
印　　刷 山东鸿君杰文化发展有限公司
开　　本 787 毫米 ×1092 毫米 1/32
印　　张 7.5
字　　数 148 千字
版　　次 2019 年 1 月第 1 版
印　　次 2019 年 1 月第 1 次印刷
书　　号 978-7-5133-3125-8
定　　价 45.00 元

NIHON NO TANJO
by Takashi Yoshida

First published 1997 by Iwanami Shoten, Publishers, Tokyo.
This simplified Chinese edition published 2018
by ThinKingdom Media Group, Limited, Beijing
by arrangement with the proprietor c/o Iwanami Shoten, Publishers, Tokyo.

著作版权合同登记号：01–2018–6205